幸运的人一生被童年治愈

王晓艳——

著

中国水利水电出版社
www.waterpub.com.cn

·北京·

内 容 提 要

原生家庭的伤痛，既普遍又深刻。本书依据精神分析的人格发展理论，论及什么样的养育促进人格的发展，什么样的养育带来发展的停滞，以及由此带来的情绪、人际关系、自体统整方面的问题，让读者不断的自我察觉，找到、看见进而修复童年创伤，重启人格的成长，完成心理的跃迁和生命的拓展。

图书在版编目（ＣＩＰ）数据

幸运的人一生被童年治愈 / 王晓艳著. -- 北京：中国水利水电出版社，2020.12（2021.11 重印）
ISBN 978-7-5170-9238-4

Ⅰ．①幸… Ⅱ．①王… Ⅲ．①心理学 Ⅳ．①B84

中国版本图书馆CIP数据核字(2020)第251149号

书 名	幸运的人一生被童年治愈 XINGYUN DE REN YISHENG BEI TONGNIAN ZHIYU
作 者	王晓艳 著
出版发行	中国水利水电出版社 （北京市海淀区玉渊潭南路1号D座　100038） 网址：www.waterpub.com.cn E-mail：sales@waterpub.com.cn 电话：（010）68367658（营销中心）
经 售	北京科水图书销售中心（零售） 电话：（010）88383994、63202643、68545874 全国各地新华书店和相关出版物销售网点
排 版	北京水利万物传媒有限公司
印 刷	河北文扬印刷有限公司
规 格	146mm×210mm　32开本　8.25印张　175千字
版 次	2020年12月第1版　2021年11月第3次印刷
定 价	45.00元

序

献给生活的磨难与生命的坚忍

王晓艳

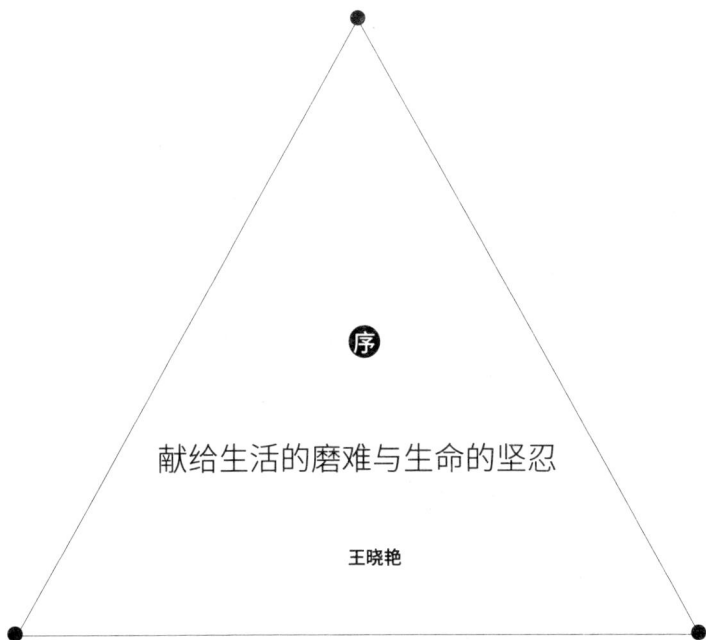

　　记得以前读过一篇后来被指出是杜撰的故事：一个叫山田本一的名不见经传的日本马拉松选手，出人意料地获得了两次世界冠军。他在后来的自传中写道，每次比赛前他都会乘车沿着比赛路线走一遍，将沿途醒目的标志记下来，把一个大目标分解成几个小目标，并以相同的速度冲刺小目标。这样，四十多公里的长距离，在被切割成了好几个短距离以后，跑起来便轻松了很多。而他最初并不懂这个道理，将目标定在了终点，于是跑到十几公里就疲惫不堪了。

　　虽然故事是假，但道理是真。回想我自己的成长之路，以及写这本书的历程，也是将看上去不可能完成的大目标，分解成自己力所能及的小目标，一步一步慢慢达成的。

回首来路，十年前因为自己的困顿与挣扎而进入到心理咨询这个领域，探索解决之道，虽然中途差点半途而返，但最终还是坚持了下来。

以前网上有一篇文章，说竹子在前四年的时间，虽然只长了三厘米，但是却将根深深地扎入土壤，而第五年开始，它每天以三十厘米的速度生长，只用六周便可长到十五米。不知道实际的竹子究竟是不是这么长的，但有一点是肯定的：唯其根基扎实，才能走得更加长远。

我自己的"扎根"得益于2011年从中德精神分析治疗师连续培训项目（中德班）开始跟随赫尔曼·舒尔茨（Hermann Schultz）老师学习，后来又跟他学习了四年，直到2017年年底，我觉得差不多可以结束，"分离个体化"了。这七年，于我而言，就是在练"基本功"——理论的、临床的、个人成长的。

探索内心的方式有很多种，心理咨询只是其中的一种，而精神分析又只是心理咨询诸多流派中的一种。我对此深以为然的原因在于，一方面它确确实实解释了我的困顿，并提供了一条切实可行的道路；另一方面，它让我更清晰地看到了人格成长进阶的脉络，并且能够对应到现实生活的林林总总。

而在精神分析之外，我自己还在修习内观（Vipassana）——这是南传佛教的修行方法，其教义更接近原始佛教。但我并不是一个勤勉的修行者，希望接下来可以敦促自己更上进一些。

美国的精神分析师，同时也是内观禅修老师的杰克·安格勒（Jack Engler）曾经说："一个人首先要发展出健康的自我感，才能够去修持'无我'的境界。"这句话前半部分是精神分析之所长，而后半部分是佛学之所长，虽然并非泾渭分明，但我想，我在专业上的发展，就是沿着这样的脉络一步步向前的了，这也是关于我自己的身份认同。

本书的构思立基于精神分析的人格发展观点，这是前辈精神分析师们的经验，也是舒尔茨老师在教授的过程中，让我觉得特别被触动之所在。

舒尔茨老师在人格发展的维度沿袭的是美国精神分析师奥托·克恩伯格（Otto Kernberg）等人所整合的神经症性－边缘性－精神病性人格组织，以及美国精神分析师南希·麦克威廉姆斯（Nancy McWilliams）的人格诊断系统，我自己亦特别受益于美国精神分析师葛林·嘉宝（Glen O. Gabbard）的著作。

在理论支撑上，出现比较多的有精神分析学派创始人西格蒙德·弗洛伊德（Sigmund Freud）、精神分析客体关系学派创始人梅兰妮·克莱因（Melanie Klein）、中间学派的客体关系精神分析师唐纳德·温尼科特（Donald. W. Winnicott）、精神分析自体心理学派创始人海因兹·科胡特（Heinz Kohut）等人的学说，其他不再赘述，在正文中都有标出。

本书的架构为：从不同心理发展阶段的特定任务开始，论及什么样的养育会促进人格的发育，什么又会带来人格发展的停滞。而人格成长受困会带来的三大主要议题：情绪的、人际关系的、自体统整的，在二、三、四章分别进行论述。最后统合到理论的角度，则是从人格发展的"依赖迈向独立"所涉及的三个主要维度——自体、自我、客体关系进行阐述，以及更现实地看待成长，哀悼丧失，继续前行！

本书是我目前在力所能及的范围内达到的一个阶段性成果，也是对我迄今为止所学的一个阶段性的总结。

感谢我的精神分析老师赫尔曼·舒尔茨博士，让我得以一窥精神分析的堂奥。感谢我的分析师，不论我怎么折腾，他都一直支持我。感谢我的老师们：上海市精神卫生中心张海音主任、陕西省人民医院心理科张天布主任，对我始终如一的镜映、肯定与抱持。感谢父母对我的爱，他们已经尽力了。感谢我生命中经历的所有痛苦，如果没有这些，我不可能如此矢志不渝地在这条道路上前进。

最后，感谢正在读这本书的你，如果书里某处让你有所触动，或许，触动的正是我们人性中所共有的东西！

王晓艳

2020年9月28日

序

第一章　我们都曾受过伤，却能成为更好的自己　　001

1·1　0~1岁：依恋与安全感　　003

1·2　2~3岁：自主性与羞耻心　　014

1·3　4~6岁：三元关系里的冲突与竞争　　024

1·4　青春期：自我同一性的迷乱与探索　　034

1·5　心理之病：在先天气质与后天创伤之间　　044

第二章　化解生命中的情绪，掌管自己的生命模式　　053

2·1　一条叫"抑郁"的黑狗　　055

2·2　焦虑：从崩解焦虑到超我焦虑　　065

2·3　匮乏之苦与分享之痛：从嫉羡到嫉妒　　076

2·4　无法控制的愤怒　　085

2·5　情绪的狂暴与情感的隔离　　093

第三章　爱的能力：如何正常地爱人和被爱　103

3·1　你是真的独立，还是无法走进亲密关系　　105

3·2　为什么我们彼此相爱，却又彼此伤害　　114

3·3　亲密关系里的"强迫性重复"　　123

录

3·4   沟而不通：伴侣间的沟通困境   132

3·5   家庭关系中的"三角关系"   141

第四章   自我的探索与建立   **151**

4·1   群体之中，我想做个"隐形人"   153

4·2   无法独立的"妈宝男"   162

4·3   "学霸"的自负与自卑   170

4·4   "中国式好人"总是习惯攻击自身   179

4·5   追名逐利背后的"自我迷失"   188

第五章   完整成长：我们此生都在成为自己   **197**

5·1   从依赖到迈向独立   199

5·2   自体的发展   210

5·3   自我的发展   220

5·4   客体关系的发展   230

5·5   哀悼丧失，继续前行   240

参考文献   **249**

第一章

我们都曾受过伤，
却能成为更好的自己

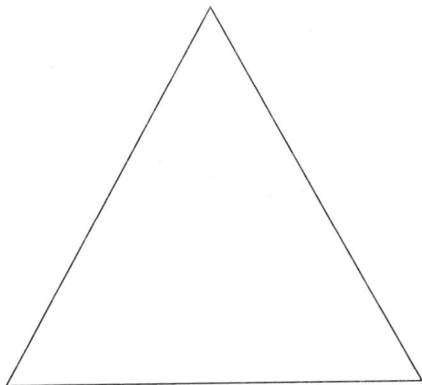

当小婴儿被剪断脐带，呱呱坠地的那一刻，虽然他在身体上完成了与母亲的分离，从母婴的融合状态中独立了出来，但他对母亲的依赖远未结束，心理上的分化也尚未开始。

一株幼苗的成长，因着不同的种子，在普遍性需求的基础上，应给予特定的照料。越稚嫩，越需要悉心的呵护，才能让其成长得足够强大，去抵抗风雨；受伤越早、伤得越重，越容易发育不良，也越难面对外界的挑战。人的成长也是如此。

先天气质和后天养育的错综交织，形成了成年以后的人格，而我们的人格水平决定了自己的命运走向。心理之病，本质上是人格之病；心理之苦，本质上是情绪之苦。伤在哪里，痛在哪里；伤得越深，病得越深。

1

▲

1

0～1岁：依恋与安全感

从动物界的划分来说，人类属于脊索动物门—哺乳纲—灵长目—人科—人属—智人种，但和其他一些生下不久就能站立行走的哺乳动物相比，人类新生儿只能算是"半成品"。想象一下刚出生的婴儿，平均体重3公斤，平均身高50厘米，脑部尚未发育成熟，几乎没有抵抗能力，非常脆弱娇嫩，根本无法独立存活。

婴儿出生的第一年，是生长发育最旺盛的阶段。

一岁时，他们的体重大约会增至9公斤，约是出生时的3倍；身高一般会增长到75厘米，约是出生时的1.5倍；他们的脑部在迅速发育，脑的重量约是出生时的2.5倍。同时，感知觉和动作能力也在迅速发展。

他们通过眼、耳、鼻、舌、身（触觉）来了解和探索这个奇妙的世界。他们从无力的仰卧到翻身、坐着、爬行、站立、行走；五指逐渐分化，能够更灵活和协调地抓握物体；性格开始萌芽，关于自身身体的体像也开始慢慢建立；从无意识的交流发展到有意识的交流，从咿呀学语到说出有意义的单词；开始发展出对重要他人的依恋，并能够分化出对熟悉程度不同的人的不同态度……

总之，婴儿在这短暂而高速发育的第一年，在为他们的"自我"塑造，并进入由语言所构建的人类社会，做着最基础且重要的准备。而对于"完全依赖"的稚嫩婴儿，能否有一个安全的生存环境，以及稳定可靠、促进成长的依恋关系，对他们的发展至关重要。

英国心理学家约翰·鲍比（John Bowlby）在20世纪50年代创建了著名的依恋理论，他由生物的本能行为出发，论及了"依恋行为"，即婴儿向主要照料者（通常为母亲）靠近并保持亲密距离这一存活和安全的基本需要。

于是，便有两条路径由此展开——照料者是否能够提供婴儿所需的"养育行为"，是帮助婴儿顺利度过其特定的发育"敏感期"，还是带来了程度不一的创伤，甚至是毁灭性的伤害。

▲作为"安全基地"的依恋对象

首先，我们需要建立基本的安全感。作为社会性的人，我们毕生都要生活在或近或远的人际关系中，于是，人际间的安全感便显得尤为重要。而我们最初的安全感，则来源于我们的主要照料者。

　　约翰·鲍比的重要合作者，被称为"依恋理论之母"的玛丽·安斯沃斯（Mary Ainsworth）曾在20世纪70年代进行过著名的"陌生情境实验"（被试者为1岁左右的婴儿及其母亲），并发现了三种截然不同的依恋模式：安全型依恋、回避型依恋和矛盾型依恋。

　　其中，安全型依恋的婴儿能够将母亲作为"安全基地"，在安全范围内自由地探索外部世界，分离时他们会不安，但当与母亲重聚时，他们又能够从联结中得到安抚。也就是说，他们能够亲密，能够分离，也能够重聚。尤其是重聚时的表现，更能呈现出其安全型依恋的特征。

　　沃尔夫（De Wolff）等人的研究显示，安全型依恋的婴儿的母亲，对婴儿的态度积极，能够与婴儿的情绪同步，对婴儿发出的信号能够敏感地做出恰当的回应，她们还会常常引导婴儿的行为。

　　而回避型依恋的婴儿则呈现出对依恋的漠不关心，不论母亲在与不在，他们似乎都无动于衷，而是不停地探索外部世界。他们看似独立而平静，但在分离的场景中，他们的心率是加快的，并且其皮质醇（压力荷尔蒙）水平明显高于安全型依恋的婴儿。

　　也就是说，他们的独立是一种"假性独立"，是对依恋行为中的拒绝和创伤的自我保护（防御）。安斯沃斯等研究者观察到，回避型依恋的婴儿的母亲对婴儿发出的信号没有回应，对婴儿的情绪表达不敏感，甚至表现出退缩、抑制或过激的反应，对与婴儿的身体接触表现出厌恶或抵触。

至于矛盾型依恋的婴儿，他们对于母亲在哪儿太过关注，以至于无法自由探索。母亲离开后，他们表现出淹没性的悲伤，当和母亲重聚时，他们要么生气，要么无助，无法很好地重建连接。安斯沃斯等研究者发现，矛盾型依恋的婴儿的母亲在抚养过程中表现不一，但一般都对婴儿发出的信号不敏感，让婴儿的需要不能稳定地满足，她们似乎也在阻碍着婴儿的独立。

后来，安斯沃斯的学生玛丽·梅恩（Mary Main）又发现了第四种依恋模式——混乱型依恋。拥有这种依恋类型的人处在两难的境地中，因为安全感的来源同样也是危险的来源。混乱型依恋的婴儿易产生于虐待型的环境或特殊（如贫穷、有精神疾病史、药物滥用等）家庭中。

无论如何，安全的依恋关系是我们生存发展的第一要义，也是身体上的"我"和心理上的"我"能够顺利发展的基石，它们就像大厦的地基，坚固与否，会逐级影响到"上层建筑"。研究显示，婴儿期开始形成的依恋风格会对人生后续发展的各个方面，包括情绪健康、人际关系（尤其是亲密关系）、自尊、注意力、问题解决能力等产生广泛的影响。

▲作为婴儿的情绪稳定剂

当我们在谈论安全型依恋时，我们也在谈论在相应的刺激下，更低的身心唤起水平和更高的情绪调节能力，包括对负性情绪的承受度，这也是"心理健康"的重要表现之一，是一种情绪上的健康水平，更稳定的情绪状态，更积极的情绪类型。而婴儿，作为不具备调节能力的个体，尤其需要主要照料者的帮助。

我们的情绪分为基本情绪和复杂情绪，其中满足、厌恶、痛苦、好奇等可以由生理控制的基本情绪，在出生时就已出现；在2~7个月之间会出现愤怒、恐惧、快乐、悲伤、惊讶等其他基本情绪。而尴尬、嫉妒、内疚、骄傲、害羞等具有自我意识和自我评价的复杂情绪，会在1~2岁之间出现。婴儿期的主体情绪为基本情绪，基本情绪会被相应的情境激发。

作为没有语言能力的婴儿来说，啼哭是他们表达自己各种需要和感受最常用的方式。对生理不适的反应，如饿了、尿湿了、冷了、痛了、累了，或者恐惧了、想要释放情绪了等，都会导致婴儿的哭泣。所以对母亲来说非常重要的是，能够分辨婴儿不同哭声表达的内容，并做出相应的回应或安抚，如喂奶、换尿布、盖被子、抱在怀里等，让婴儿恢复到舒适的状态。

从婴儿呱呱坠地开始，他们就被各种刺激包围着。尤其对于一些早产儿或者过度敏感的宝宝来说，他们很难筛选不同的刺激，屏蔽重复或不重要的刺激，因而很容易显得压力过大、焦虑不安，并经常哭闹。

此时父母帮助反应过度的宝宝稳定情绪的方法，就是保持耐心，通过降低刺激源的强度，结合宝宝的承受力，慢慢让他们适应。假以时日，宝宝们在面对外部刺激（如声响、照料者的亲近等）时的自我管理与控制，会变得越来越好。

但如果父母不能理解这是宝宝过于敏感的神经系统导致的，从而反应过激或没有反应，都将无益于婴儿应对刺激能力的提升。

不仅如此，父母本身的情绪混乱、情绪疾病等会让他们无力安抚宝宝，甚至将自己的坏情绪"传染"给宝宝，如果婴儿又天生过度敏感，则会使情况变得更加混乱。

所以，父母作为婴儿的"情绪稳定剂"，要拥有稳定的情绪，能够共情地理解婴儿的情绪状态和需要，安抚他们，并进而帮助他们建立自我安抚、情绪调节的能力。

▲内部客体关系模式的雏形

当我们谈论母婴依恋的时候，其实也是在谈论在反反复复的互动过程中，婴儿如何建立起"内部工作模型"。这个概念是约翰·鲍比提出的。从客体关系理论的角度来说，我们也可将其称为"内部客体关系模式"，精神分析客体关系学派创始人梅兰妮·克莱因在这方面有深刻的论述。

就拿婴儿期至关重要的喂奶尤其是母乳喂养来说，其对于婴儿的意义，并不只是生理上的，更有心理上的。

母亲通过喂奶来安抚因饥饿而啼哭的婴儿，这不仅让婴儿产生饱食的满足感，让身体得以生长，也使得婴儿在这种母婴关系的互动中，慢慢形成重要的依恋对象（客体）是可靠的、安全的、有回应的等积极的意象，从而认为自己（自体）是可爱的、被喜欢的、被接纳的，同时还强化了关系互动中愉悦的体验和彼此依恋的互动模式。反之，则可能会出现另一种情况。

这一系列的客体表象、自体表象、情绪体验及互动模式会经由早年反反复复的互动，而成为内部的客体关系模式，灼刻进我们的人格中，成为我们成年以后人际风格的一部分。

当然，这个例子说得太简单了些，但基本的原理都在这里了。

就是我们所以为的"我"，或者在与人或非人的关系中，在不同的情境下我们所被唤起的认知—情绪—行为模式（有很多是潜意识的），其实是在我们先天气质的基础之上，在后天与养育者的互动中，被"内射"进我们的内心，并在相应的情境中"投射"到外部世界，并因而构筑成的我们与世界和他人的关系模式。

举例来说，一个小孩因为母亲的抑郁，而在生命的前三年辗转于奶妈、姑姑、外婆等不同的照料者手中，她们有的对他疏离，有的对他亲密，有的似乎没有能力照料他……对于这个脆弱无力的婴儿来说，他生命最早年的依附体验里充满了不稳定的关系和被抛弃的恐惧，似乎没有一个人是值得信赖，并能提供持久安全感的，似乎每当自己觉得可以安稳下来了，就突然又分离了。这是孩子对这段经历"内射"的体验，尽管家人已经尽了最大的努力来照顾他。

我们知道，如果情绪上的痛苦感受超过了我们能够承受的，我们势必要采取自我保护手段（防御）来远离痛苦。越小的孩子越稚嫩，在同样的情境下，相较于更大的孩子，他们自我保护的方式越少，受伤程度越重，副作用越大，效果也越差。

同样是这个婴儿的例子，因为人际间的亲密与依恋，他一次又一次地遭受着被抛弃的痛苦，为了逃避痛彻心扉的痛，他在成年以后会因着个性特质而在人际关系，尤其是亲密关系中有特别的表现。

或者因为配偶一丁点儿的疏忽大意，都会激发其早年被抛弃的体验，从而不断地哭闹折腾；或者因为不敢面对再一次被抛弃的恐惧，而在关系稍稍走近以后就马上远离，以回避潜在的痛苦。

这可能并不仅仅出现在与人的关系中，譬如有人会害怕乘飞机，因为飞行意味着与"大地母亲"的分离，而分离则意味着象征性的死亡。

这就是我想要说的，生命早期的依恋状况如何构筑"自我"的基石，影响我们潜意识中对于自己—他人的认知，进而塑造我们的性格特征和行为模式。

▲自体的诞生与成长

当我们谈论"我"的时候，首先是指一个身体意义上的自我，我们又可以将其称为"身体自体"，他始于出生，终于死亡。而生命第一年，作为身体的高速发育期，并不仅仅仰赖于食物，更仰赖于对安全的依恋。

奥地利精神分析学家勒内·斯皮茨（Rene Spitz）曾在一所育婴之家观察过91名被寄养的婴儿，他们在生命最初的3个月是由母亲抚养或用母乳喂养的，3个月后母婴分离，此时，即便有非常好的物质条件，但每8～12个婴儿才有一名护士照看的情况使得及时的拥抱、玩耍、情感的交流与互动变得相当匮乏。这些婴儿出现了极大的发展倒退，最终有34名婴儿在两岁前夭折。

这是一份令人心碎的观察报告，也像警铃般提醒着我们，母婴依恋与情感养育的重要性。有研究显示，"非器质性发育不良"的一个可能的原因，便是看护者对婴儿的冷漠、疏远、没有耐心，甚至虐待，导致婴儿出现了退缩、冷漠，以及饮食不良和消极的社会性反应。

"攻击性"这个概念在精神分析的语境里，最早是由精神分析学派创始人西格蒙德·弗洛伊德提出来的，英国客体关系学派精神分析家、儿科医师唐纳德·温尼科特扩展其意涵至活力与动能。对于婴儿来说，想要喝奶、想要动弹、想要咬妈妈的乳头……这些都是小孩最初无心的攻击，也是他们生命活力最基本的呈现。

如何让这种"发展的潜能"转化为成长的现实，需要在依恋关系的情境中，养育者（通常为母亲）营造一个保护性的环境，给孩子提供稳定的安全感，及时满足孩子的生理需要，保护孩子的自体不受外界侵蚀，并能够从婴儿的"攻击"中存活下来，既非毫无回应，也非愤而反击。这样，孩子的核心自体才能建立起来。

伴随着身体自体的发展，心理意义上的自体也逐渐萌芽与分化。出生于匈牙利的精神分析师玛格丽特·马勒（Margaret Mahler）将关注点放在了"心理诞生"上，她在长期的观察和研究的基础上，划分出了婴儿从自闭、共生到分离个体化的不同发展阶段。她的研究显示，在出生的前几周里，婴儿就像还在壳中没有被孵出来的小鸡，虽然在身体层面，他们已经独立于母亲存在，但实际上他们是处于一种自闭期。

婴儿在2～4个月的阶段，处于母婴融合共生期。此时婴儿"自闭的壳"破裂，在触觉、视觉、知觉等的配合下，通过感官记忆痕迹的累积，一方面形成了对母亲的完全依赖，另一方面"身体自体"的边界开始建立，自体的内核开始形成，关于自我和他人分离的意识开始逐步加强。

婴儿从4个月开始到3岁，处于分离个体化时期。此时，孩子的身体意象开始分化，探索世界、拉开与母亲的距离，并学习处理分离焦虑，建立性别同一性，其中2～3岁是获得稳定的存在感（自体边界）和性别同一性的原始巩固期。

婴儿从自闭到"破壳而出"的发展过程中，母亲起到了"助产士"的作用。安全的母婴依恋有利于帮助婴儿度过不同的发展阶段，在"自体"与"客体"之间慢慢建立边界，并迈向独立个体化。

而不恰当的养育方式，例如没有回应、拒绝、不耐烦等，则会让孩子固着在某个发育阶段。例如，长大以后相对自闭，无法感受他人并建立连接；或者比较容易产生共生性，爸爸打弟弟，就像打在自己身上一样让自己恐惧，而难以将自己与他人分化开（和共情有质性的差别）。

由此可见，不论我们谈论婴儿期（弗洛伊德称之为"口欲期"）身心哪个维度的成长，都涉及安全的依恋和恰当的养育在其间所起到的至关重要的作用！

▲

2

2~3岁：自主性与羞耻心

　　婴儿在经历了第一年的成长挑战之后，开始能够独自站立并蹒跚学步，这意味着他们有了更多的自主性和独立探索世界的能力；他们在渐渐断奶，乳牙的持续生长让他们能够咀嚼软烂的固体食物，并获得足够的营养；他们在学着理解语言，语言基础也在慢慢形成，并能简单地说出几个单词；他们还通过搭积木、捉迷藏等游戏以及对他人（尤其是大人）的模仿，协调感觉输入与运动的能力，并理解行为和结果之间的因果关系……

　　伴随着孩子的能力，尤其是运动技能的发展，他们的独立意识开始萌芽。一方面，他们开始抗拒父母的决定，什么都要自己来，闹脾气与执拗成了这一"逆反期"孩子们的特征；另一方面，他们的能力尚不足以支撑他们的想法，失败和受挫成了家常便饭，而且他们尚不具备平复自己情绪的能力。独立还是依赖之间的挣扎，自主还是顺从之间的冲突，成了这个阶段的重要特点。

他们的父母往往会发现，日常的起居生活，渐渐地变成了一场混战。他们会抗拒喂食甚至对食物失去兴趣，他们会故意把食物弄得到处都是；他们会乱扔东西，把家里弄得一团糟；他们会到处探索，任何东西都会引起他们的好奇，但身处危险境地的可能亦会让父母惊恐万分；他们也尝试离开妈妈的视线，但又要确保能够重新回来……

总之，相较于生命第一年的母婴依恋，从第二年开始，新的挑战将会在父母与孩子们面前展开，新的心理发展任务也相继迎面而来。

▲自主性与羞耻心

心理学家阿姆斯特丹（B. Amsterdam,1972）曾经做过一个非常著名的"点红实验"，以研究儿童自我意识的出现。他选取了88名3～24个月大的婴儿，其实验过程是让母亲趁婴儿不注意时，悄悄在其鼻子上抹一个红点，再把他们放到镜子前面，看他们的反应。

后来迈克尔·刘易斯和珍妮·布鲁克斯-冈恩（Micheal Lewis & Jeanne Brooks-Gunn, 1979）在此基础上做了更进一步的系统研究，二者的研究结果基本一致。

他们的研究表明：要等到18～24个月，大部分的孩子才会意识到自己鼻子上的异样，并会迅速擦拭。这意味着他们清楚地知道镜子里的小孩儿就是自己，也就是说他们开始具备了自我意识。而伴随着自我意识的产生，与自我感觉升降相关的复杂情绪，如尴尬、骄傲、羞耻、嫉妒、内疚等也相继出现。

美国自体心理学家艾伦·西格尔（Allen M. Siegel）在其著作《汉斯·柯赫与自体心理学》中举过这样的例子：一个两岁的小男孩儿在和父亲游戏的过程中，试图要站立在父亲向前平伸的手掌上，经过一番努力后，小男孩儿终于爬了上去，并找到平衡，直直地站了起来。他的父亲赞赏地说："世界冠军！"小男孩儿也得意地将手高举过头，就像他真的是世界冠军一般。

而在另一个场景中，这对父子去拜访正在服兵役的作者，他带他们游览空军基地，恰巧一架军用飞机从他们面前咆哮而过，我们的小"世界冠军"立马吓得哭成一团。而他父亲用强有力的手将他抱了起来，并安抚他，并没有让他独自面对恐惧，也没有耻笑和不屑于他的脆弱。

这个故事特别打动我的地方在于，父亲作为男孩儿重要的照料者，在帮助孩子建立和保持良好的"自我感"上所起到的调节作用：

当孩子靠自己的努力完成了一个新的挑战以后，父亲对他"夸大表现癖"的迎接与镜映，让孩子能够自主地表现自己，而不至于被羞耻所淹没（毕竟，从现实角度来说，孩子离"世界冠军"是差了十万八千里的）。

而当孩子被吓得失声痛哭以后，父亲对他弱小无力的部分进行了抱持，让他觉得"害怕"是可以被接受的，并不会被评定为"表现不好"，从而不会自觉窘迫。

因此，这个孩子自发的存在状态是被理解和接纳的。我们可以想象，在他渐渐成长的过程中，他将能够带着健康的自尊去展现自己，去迎接挑战，并在和现实的碰撞中慢慢找到自己在所处环境中应有的位置。

当我们作为一个主体，进入到社会评价系统以后，作为"我"的构成的各个"部件"便处于比较之中，被划分了等级，贴上了不同的标签，也由此让我们产生了自豪、自卑等不同的情绪体验。

想象一下：一个漂亮乖巧的孩子，总是让父母在外人面前更"有面子"，父母也会把更多的赞赏给到孩子；而一个调皮捣蛋的孩子，除了让父母头痛以外，父母也可能会因为担心别人觉得自己教子无方而焦虑，并限制孩子的行为，直到调整到可以被他人认可为止。

这是一个非常宽泛的议题，而且和我们每个人相关。从孩子诞生自我意识开始，便在此基础上划分并构建起了"类别自我"（Stipek,Gralinski&Kopp, 1990），例如"我是男孩"（生理特征）、"我是好孩子"（自我评价）等。

随着年龄的增长，其自我描述会慢慢变得越来越复杂，越来越从具象的生理（我个子很高）、拥有物（我有一个洋娃娃）、行为（我会踢球）等外部特征，过渡到更抽象的内部心理特征，如人格品性、价值观等。同时，与这些自我特质相伴而生的社会评价，会让我们的情绪随着自我感的高低起伏而波动。

当我们说对孩子"无条件"地爱的时候，我们其实是在说，要以这个孩子本来的面目去接纳和对待他。但这其实并不容易，因为成人世界里的价值评判、规则要求，会经由父母的态度言行，"浸染"到孩子的身上。

▲超我的建立和内化

弗洛伊德在划分性心理的发展阶段时，将孩童2~3岁的发展阶段定义为"肛欲期"。这从孩子发展任务的角度来说，也可以理解，因为"如厕训练"是这一阶段的重要议题。通过训练，孩子能够在想要大小便时，及时控制住并到厕所里去解决。

以上是生理上的意涵，而从心理的角度来说，则意味着孩子的"本我"（随地大小便、弄脏弄乱）开始要被"超我"（"文明"的如厕习惯）所制衡，并被塑造为符合道德规范的"社会人"。当然，被型塑的并不仅仅只是大小便，还有更多方面。

作为"生物性"的人，我们有着即时满足、趋乐避苦的天性（本我），但是作为"社会性"的人，我们需要发展出现实的自我功能，让自己的言行能够符合社会规则或者父母（超我）的要求，进而保持一种良好的自我感（自尊）。两三岁的孩子，自我意识刚刚萌芽，也刚开始漫漫"社会化"的征程。

　　《圣经·旧约·创世纪》中，上帝所造之人，最初赤身裸体而不觉羞耻，但自从吃了知善恶树上的果子以后，便拿无花果树的叶子为自己编了裙子。如果说，婴儿期的孩子，就像人类初诞时的状态，而随着穿上满裆裤、能控制大小便，善与恶、对与错的"二分世界"便慢慢在他们的内心世界中建立了。这个过程，我们可称为"超我"内化和建构的过程。

　　弗洛伊德在其著作《自我与本我》中，谈到了超我（即自我理想）的两个部分：应该的和禁止的。例如，去卫生间大小便是应该的，摸"小鸡鸡"是禁止的。当然，超我所涵盖的意蕴是非常宽广的，既有文明教化的，也有道德良知的，譬如与性和攻击相关的议题。

　　打个比方，作为成年人，我们很多人可能都有过出门后才发现没带钥匙的经历，但在意识清醒的情况下，我们绝不会出现出门后才发现自己一丝不挂的经历。因为，这已经植入我们的无意识（即潜意识），成为人格的一部分了。

　　除此以外，从客体关系的角度来说，父母对待孩子的态度也会成为重要的"客体表象"入驻孩子的内心。比如父母过于严厉地要求孩子必须在马桶上便便，全然不顾孩子的挣扎反抗（父母作为成年人，人格已经成型，和孩子互动的行为模式也基本稳定，所以可以想象，这样的父母在其他事情上也会对孩子严格要求）。

　　对于很小的孩子来讲，经过反反复复类似的过程，父母的权威性会内化进入自己的心中，形成一个"严厉的超我"，在自己的自发性与自主性想要表现的时候，即便父母不在身边，也会成为习惯性的自我打压。又或者，以一种"被动攻击"的方式，和父母的权威进行抗争。

譬如说，孩子虽然坐在马桶上，但就是憋住不拉出来，时间一长便秘了，把父母折腾得够呛。就这样，在避免被惩罚的情况下，孩子实现了还击。但这种行为模式，如果固化成为人格的一部分，则可能会在成年以后，遇到权威（如领导）的要求时，被控制的愤怒与不满就被唤起，于是以阳奉阴违的方式进行应对。这不仅让领导觉得非常不舒服，而且事情的推进也受到了阻碍，但领导又找不到他的把柄。

不仅如此，我们刚才说到"超我"的时候，也谈到了好与坏、对与错的二元性。孩子从刚生下来时的混沌状态和自体、客体不分的融合状态，到一点点地进行分化，将愉悦或不愉悦的躯体、心理感受分化开，将自体与客体分化开，再到慢慢进入二分法的社会评价体系，进行划分与打标签。这是一种从无序到有序的进化，但如果只是处于"分裂"状态，还是有所欠缺的。

就像母亲之于孩子，睡觉前给孩子唱歌、讲故事、陪着入睡，就是"好妈妈"；第二天一大早，不顾孩子的哭喊，还是拎着包去上班，就成了"坏妈妈"。也像孩子之于母亲，乖乖地把餐盘里的食物吃完了，就是"好孩子"；吃完饭以后，一泡尿撒到了新买的沙发上，就成了"坏孩子"。但不论是"好妈妈"还是"坏妈妈"，"好孩子"还是"坏孩子"，都是完整的妈妈和孩子的一部分。

不论是个体还是社会，唯其从非好即坏的分裂状态，走向既好又坏、错综复杂的整合状态，才可能从动荡走向稳定，从极端走向平和。

▲性别身份的建立

从"我"的诞生来说，首先是一个身体性的我。而与身体相伴的，便是彼此之间性征（sex）和性别（gender）的差异。从性征的角度来说，我们因着各自的染色体、生理特征、激素影响等方面的差异而有着不同的生理身份；从性别的角度来说，我们又因着作为男性和女性而有着不同的社会和文化身份，影响甚至左右着彼此之间的关系，而"男人对女人的关系是人对人最自然的关系"（K. Marx,1844）。

不论"母系社会"是否存在，女性都曾在社会生产生活中起着重要的作用，但随着生产力的发展和社会大分工的出现，男性在生产生活中的作用不断增强，并逐渐替代了女性的支配地位。父权制逐渐代替了母权制，女性在社会中的地位及社会认同大幅下滑。传统父系家族的结构在周朝（约公元前11世纪—公元前256年）便已确立，并延续数千年。

从公元前221年秦始皇一统中国，到1912年清政府最终灭亡，中国前后经历了2000多年的封建社会。秦汉时期是中国封建社会性别制度的原点，并以伦理的形式规定了男女的性别角色、价值标准，以及"三从四德"的中国传统女性观。

虽然在男权社会中的女性，被认为处于被控制和被支配的从属地位，但在封建王朝的更迭中，女性的婚姻自由、社会地位等亦有起伏，处于复杂波动的状态。到明清时期，社会对女性的压迫达到了顶峰。

中国近代的妇女解放，是从不裹足和读书开始的，这也是女性争取自由平等与人格独立的起始。国民党元老何香凝女士，1924年在广州召开的国民党一大上提出了妇女在法律、经济、教育上一律平等的提案，推动了我国女权运动的发展。

中华人民共和国成立后，我国提出了"男女平等""妇女能顶半边天"的口号，并在20世纪50年代农业大生产热潮时，推动男社员和女社员同工同酬。但相较于男权社会的漫长历史，女性在社会生活中获得"半边天"的地位，也只是最近一百年的事情。

在当下社会，随着重体力劳动逐渐被大机器生产所取代，男性的体能优势不再，而社会性活动中对"人际关系"能力要求的提升，又使得女性的优势渐渐凸显。男性和女性的位阶差异渐渐被打破，"生男生女都一样"的观念渐趋出现。但即便如此，"重男轻女"的封建思想仍深深影响着人们。

在"重男轻女"的族群和家庭中，不论是男孩儿还是女孩儿，都因为他们出生时的性别差异，影响着父母的社会地位，也会因此被不同对待，进而在此基础之上，成就不同的人格品性。

这是从社会文化方面来说的。

另外，整个社会对于男性和女性性格特点、行为表现的不同期待，也会让父母在不同性别的孩子身上采取不同的养育方式，进而将其型塑成被社会习俗所接纳的男性或者女性。这是从父母的维度来说的。

而从孩子的维度来说，他们在 2 ~ 3 岁时，便能明确地表达他们的性别知识，也能正确地说出自己是男孩儿还是女孩儿，但直到 5 ~ 7 岁他们才能真正理解性别之不可改变的特征，到上小学的时候，大部分的孩子便已形成了稳定的性别认同。

2 ~ 3 岁的孩子们正在内在的自我表达和外在的规则要求的平衡之间，进行着积极的努力和艰难的博弈！

▲

3

4～6 岁：三元关系里的冲突与竞争

让我们想象一下，孩子在经过了前三年的成长挑战以后所达到的平均发育水平：他们的行动能力飞速发展，可以沿着直线走或者跑，也能够双脚离地在地板上跳。他们开始使用复杂的句子进行交流，并开始理解言语背后的意图。他们的自我意识基本确立，性别概念基本明晰，社会教化渐趋展开，如厕训练尚在进行。

他们的幻想蓬勃发展，情绪日渐复杂；随着新的世界在他们的面前展开，攻击意识随之出现，新的恐惧也随之而来。他们的客体恒定感基本建立，这为他们与母亲的进一步分离，并进入幼儿园做好了准备。他们开始发展同伴关系，也可能会有弟弟妹妹出生，这意味着他们需要面临分享、竞争、探索边界等各项议题……

三岁之后到上小学之前的学龄前期，对于孩子而言，更新更复杂的发展任务在他们的面前交织呈现：随着身体、运动技能、语言、认知等方面的发展，孩子的力量逐渐增长，性意识渐趋萌芽，他们的攻击性在父母的管教下会导向不同的方向，他们的道德感慢慢发展，同理心也渐趋出现。

他们将逐渐从幻想世界进入现实世界，他们不得不面对成人世界里的"禁忌"，也不得不面对从"独占之爱"到"三元之爱"的自恋受挫。他们正在经历弗洛伊德所说的——"俄狄浦斯期"。

俄狄浦斯情结

"俄狄浦斯情结"是弗洛伊德的理论中既让人惊喜又饱受争议的概念，受启发于古希腊悲剧《俄狄浦斯王》中的俄狄浦斯将父亲杀死，并娶了母亲为妻的故事（事实上这是在并不知情的情况下发生的，而在知道了真相以后，其母上吊自杀，俄狄浦斯也用母亲的胸针刺瞎了自己的眼睛，并自我放逐）。

弗洛伊德在父亲死后的自我分析和他的病例中发现，对母亲的爱和对父亲的爱恨交织与敌意冲动，是儿童期的普遍事件（当然他主要研究的是男孩儿）。

因他对儿童性欲的过分强调，并断言此种冲突的普遍性而被诟病，但"俄狄浦斯情结"的丰富意涵，确确实实在我们的面前展开了一幅该阶段儿童心理发展和人格基石构筑的多彩画卷。

▲ "弑父"情结与独占之爱

虽然乱伦与家族中的谋杀性竞争，是不同的文化背景下较普遍的主题，但对4~6岁这个年龄段的孩子而言，他们真的想要杀掉同性父母，并和异性父母永远在一起吗？这实在匪夷所思！虽然有些孩子会有手淫行为，但对于很多孩子来说，他们对于父母晚上在床上究竟干了什么，知晓得并不真切，更多的只是内心的幻想。

而从人类社会的乱伦禁忌来说，即便孩子有指向异性父母的性愿望，也是不可能实现的（某些极端案例除外）。于是，对孩子而言，有一点比较明确，那就是：对于父母的性活动，自己是被排除在外的。

再延伸一步来说，就是父母之间有着更私密而亲近的关系，而自己被排除到了父母的"二元关系"之外。这从孩子的情感需求来说，无疑是一种严重的自恋受挫，但又是成长过程中的必经之路。

我们在前文谈到过一对父子的故事，那位父亲把2岁的儿子称作"世界冠军"，那是一种"整个世界都被我踩在脚下"的"全能自恋感"。但他毕竟不是世界冠军！不仅如此，随着孩子的运动技能进一步发展，越来越广阔的世界在他的面前铺展开来，他也将越来越意识到自己的渺小，新的恐惧随之而来，新的挫折应运而生。

受挫的表现不仅仅在能力上，还在关系中。如果说，在正常情况下，始于婴儿诞生之初的母婴依恋是一种排他性的二元关系，母亲随时在他的身边满足其各种需要，那么随着孩子的慢慢长大，独立性渐渐增强，母亲也要将自己作为孩子"辅助性自我"的那部分功能一点点撤回，并恢复属于自己的主体性。

这对于孩子的"主观全能感"而言，是一种非常痛苦但却具有很重要的建设性意义的打击。因为孩子会发现，自己并不是全知全能地想要什么，就会有什么"飞"到他的跟前，满足他的需要。这些都是独立于自己之外的另一个人提供的，对方会受自己影响，但不会完全被自己所控制。

成长的过程，从某种程度上来说，就是"全能的幻想"与"现实的砖墙"相互碰撞的过程，这种碰撞势必伴随着"挫败感"与"自恋受损"，但只要挫折是"非创伤性"的，这种挫折就会帮助孩子从不切实际的夸大自体，慢慢回落到更现实的自尊。

俄狄浦斯情境中的三元关系，不论是爸爸—妈妈—自己，还是妈妈—弟/妹—自己，对于正处在这一发展阶段的孩子来说，都意味着他需要经受自恋受挫的打击，但又不至于被完全击垮，意味着他需要从排他性的"二元之爱"发展为分享性的"三元之爱"。用精神分析师克里斯汀·格斯腾菲尔德（Christine Gerstenfeld）的话来说，就是"一个人爱着某人，并容许和接受那个人和另外一个人（即第三方）有着重要并独立的关系"。

不同的心理发展阶段都有其特定的"敏感期"，如果度过了，某些新的人格品性便会发展出来；如果没有度过，则会在成年以后遇到相应的情境时被触发出来。

同样的俄狄浦斯情境，也有可能会发生在成年父母身上。譬如，孩子可能会阶段性地和父母中的一方走得特别近，而另一方则被排除在了这个紧密的二元关系之外。如果这个被排除在外的父亲或母亲，没有处理好自己的俄狄浦斯情结，其自尊就会大受打击，心生嫉妒之情。他可能会想办法把他们拆开，或者对他们横加指责，或者一定要让自己成为家庭中最被需要和爱的核心才能消停。

▲严厉的超我与"阉割焦虑"

当弗洛伊德受《俄狄浦斯王》启发，发展出了"俄狄浦斯情结"的概念时，他更多只是撷取了故事的后半段，但故事的前半段，也许更加发人深省。因为俄狄浦斯之所以在不知情的情况下弑父娶母，是因为他的亲生父亲拉伊奥斯被诅咒亲生儿子会杀了他。

为了改变命运，他在儿子出生以后刺穿了他的脚踝，并将他扔在荒郊野外等死。牧羊人将其救下，并带到邻国，才有了后来的故事。

相较于年幼的儿子会将父亲"取而代之"，更常见的情况可能反而是，父亲担心孩子战胜并超越自己，所以先将孩子"阉割"掉，让他无力反抗。

当然就"阉割"的具象意涵来说，因为孩子对性的好奇及手淫的出现，而性的禁忌和羞耻化已经构筑进了成人的潜意识中，所以对于孩子与性相关的行为，家长很容易以"阉割"作为恐吓。而从"阉割"抽象的含义来说，从某种程度上，这意味着"攻击性"被阉割，"自信心"被阉割。

我们谈到，小孩子的成长过程就是身心力量在不断发展的过程，就是从依赖到独立个体化的过程，而父母在孩子心中的位置，也会随着这一过程不断变化。在小孩子心中，父母就像是一个全知全能的"上帝"，能够搞定一切；在他们的游戏世界里，往往充满了超现实的幻想。

但随着自己渐渐长大，他们也许会很失望地发现：原来父母并不能从帽子里变出自己最想要的超人服；原来自己并不高明的谎言也能将父母蒙骗。随着认知水平与体能的逐渐增长，独立与反抗意识的逐渐增加，父母在他们心中地位的跌落，他们可能会越来越多地想要和父母"对着干"，以彰显自己的存在。

这对于父母而言，会是重大的考验，尤其是对于他们的自尊心。之所以说"父母"，而不仅仅只是"父亲"，是因为"父亲"更多是一种象征，象征更权威的、更高阶层的、更有力量的存在。而"儿子"也不仅仅只是男孩儿，在现今这个更开放、更自主的个性化时代里，不论男女，都需要发展出属于自己的"独立性"。所以，如果父母只能待在被理想化和被无限崇拜的高位，无法承受孩子成长过程中所表现出来的"攻击性"，反而为了维护自己的权威，打压、贬低孩子，这就可能造成人为的"阉割焦虑"。

就俄狄浦斯期孩子可能会出现的向异性父母靠近，排斥同性父母的情况，自体心理学家海因兹·科胡特认为，"阉割焦虑"是父母不恰当回应的产物。因为对异性父母非色欲性的情感和对同性父母的竞争性，是孩子进入新的发展阶段的自然呈现，如果异性父母的回应中带有性欲诱惑，而同性父母对此怀有嫉妒和敌意，那么孩子健康的发展就会崩解为性欲的碎片和破坏性的敌意，也会恐惧弱小的自己会被强大的同性父母"阉割"。

这个年龄段的孩子正处于幻想和现实的过渡阶段，他们对于性、性别差异、性别身份认同、攻击性、道德感等都在探索和发展中。他们往往也并不真正清楚，"（男孩）想跟妈妈结婚""（女孩）想要嫁给爸爸"究竟意味着什么，很多时候只是想要和父母的一方建立更紧密的连接，而把另一方排除在这种二元关系之外的表达。

如果父母之间的亲密感并没有因此而破坏，并能够以接纳的态度面对孩子的成长，异性父母对孩子以"非性化"的方式亲近，同性父母也不迁怒于孩子，则能够促进孩子的成长。

▲ "俄狄浦斯情结"的破除之道

弗洛伊德在《自我与本我》中论及"俄狄浦斯情结"的解除时，谈到了男孩儿或者女孩儿因为各自身上男性、女性性倾向的强度，而或多或少地认同父亲或母亲。当谈到孩子性别和性意识的萌芽和探索时，我们很容易一分为二地切割成"男性"或"女性"，并将不同的性别赋予不同的标准，例如阳刚之男性与阴柔之女性。但事实上，可能每个人都是一定程度的"雌雄同体"。

孩子在成长的过程中，会阶段性地靠近父母中的一方，尝试吸收和认同其性格特点，并内化成自己的一部分。但认同什么，还受到孩子天性的影响。譬如说，一个先天男子气比较足的女孩儿，可能会更多地靠近父亲，并发展出独立果敢的品性来。但也未必男性的一面一定对父亲认同，女性的一面一定对母亲认同。譬如说，一个有点儿阴柔的男孩子，就认同父亲身上温柔体贴的部分，而这部分是更偏女性化的特质。

当然，除了与性别身份相关的认同以外，还有更广泛层面的认同。打个比方，一个自卑的母亲生了一个活泼好动的女儿，这个女儿在外人面前的调皮让妈妈特别担心别人会评价自己"教子无方"，所以经常呵斥女儿要乖、要听话、不准乱动，否则别人会笑话；而她自己和人相处时，也总是小心翼翼、看人脸色。长此以往，孩子天性中的自在被羞耻覆盖，而内摄了母亲的低自尊，变成了非真实的她自己的、一个像母亲一样的人。

又比如，一个小女孩儿得意扬扬地从母亲手里"抢"走了父亲，让父亲给她讲故事，搂着她入睡，而母亲并没有伤心和嫉妒，而是允许了"分享"的存在，并仍然以原有的方式去爱她。慢慢地，当女儿长大成为母亲以后，她再遇到类似的情境时，往往也能够保持安然与平静。

在认同的过程中，势必存在着两种形式：被允许的和被禁止的，弗洛伊德将其分别称为自我和超我。这里并不仅仅局限于作为成人和孩子在能做和不能做上的异同，还包括了我们人格中道德和良知的部分，这也是孩子道德萌芽和发展的重要时期。

此时，就不仅仅是认同，更有管教了。譬如，一个孩子因为与另一个更小的孩子闹矛盾，便伸手打了她。他打她只是觉得自己想要打她，但并不知道这样做是不对的。只有父母的言传身教和在理解孩子的前提下对孩子行为的设限，才能慢慢地帮助孩子内化道德感，并发展出同理心。

当我们认同父母双方的时候，其实也在内化并认同父母的关系模式，而这也往往成为我们成年以后亲密关系最原初的模板。当然，就像认同父母身上的其他部分一样，这也是与孩子的先天气质和更早期养育中的人格基础交织在一起的。

比方说，一个强势的妻子经常指责、贬低懦弱无能的丈夫，并在女儿面前诉说丈夫的种种不是和自己的种种委屈，女儿认同了母亲所建构的意象，便也对父亲冷眼相待，妻子因为女儿和她"统一战线"而觉得满意。

但是，对于女儿来说，她心中最早最重要的男性形象便是非常糟糕的，于是她和男性的沟通模式要么争吵，要么冷战，因为这是她最熟悉的亲密关系模式，除此之外不会其他。当她成年后，自己建立伴侣关系时，本应相爱的情场便也成了相杀的战场。

又或者，一个暴力的丈夫经常醉酒后殴打妻子，愤怒的儿子暗暗发誓，自己长大以后绝不喝酒，也绝不以这样的方式对待女人。于是，等到他结婚以后，当双方发生冲突，他怒不可遏时，他便半夜开车到高速公路上去飙车。虽然他不喝酒不打人，但他也并不懂得如何化解关系中的矛盾，他以"不认同"的方式"认同"了父亲。

当然，认同并不是一一对应的，也不是除了父母以外就没有其他人，我们的生活中会出现不同的照料者和重要他人，也会在旧有模式的基础之上出现新的发展，而不只是被动地"强迫性重复"。那些早年家庭环境不好，但成年以后自己走了出来，并建立幸福的家庭，或者找的伴侣特别具有"疗愈性"，从而帮助其修复的事情并不少见。

无论如何，"俄狄浦斯期"作为我们成长过程中的重要阶段，"俄狄浦斯情结"的顺利度过与否，对于我们人格发展的很多面向都发挥着至关重要的影响。

▲

4

青春期：自我同一性的迷乱与探索

在孩子俄狄浦斯期之后，青春期之前的阶段，弗洛伊德将其命名为"潜伏期"，意谓孩子对性的兴趣潜伏了下来。这一阶段性别分离现象越来越明显，孩子通常会与同性伙伴一起组成小团体，而和异性个体保持距离。

此时的孩子进入了小学阶段，认知能力继续发展，情绪稳定度越来越高，能够更好地运用语言来表达自己，他们将主要的精力投注在了学习上。

如果在这一时期，孩子被迫过早地承担起家庭责任，甚至扮演起了"父母"的角色，例如照顾弟弟妹妹、买菜做饭等，也就是我们通常所说的"小大人"，则可能会因为过快进入了成年阶段却没有足够的心理成熟度作为支撑，而出现身心问题。

随着青春期的到来，男孩儿和女孩儿进入了继婴儿期之后人生的第二个生长发育高峰期。"青春期"（adolescence）这个词来源于拉丁语"adolescere"，其含义是"成长"。世界卫生组织（WHO）将青春期规定为10～19岁，其中女孩儿青春期的开始和结束年龄比男孩儿提早2年左右。

一般将10～13岁划分为青春期早期，以第二性征出现至女孩儿月经初潮，男孩儿初次遗精为止，年龄因人而异，此阶段的孩子处于成长加速期，每年的身高大约可增加5～10厘米；14～16岁为青春期中期，以第二性征发育为主；17～20岁为青春期晚期，表现为从第二性征发育成熟至生殖功能完全成熟，女孩儿月经周期呈规律性，身高停止增长。

青春期是儿童向成人的过渡阶段，随着身高和体重的快速增长，尤其是第二性征的发育，青少年的体形变得越来越像成年人。但是，剧烈的生理变化，导致对身体意象的自我评价亦容易变得起伏不定。

和男生相比，女生更容易有消极的自我评价并感到抑郁，尤其是在崇尚身材苗条的社会压力之下，女生更容易罹患进食障碍（神经性厌食症、贪食症）。从男生与女生的关系来说，和潜伏期的性别分离不同，他们对于异性的追求和性的探索，进入继俄狄浦斯期之后的第二次高峰。

此时的青少年，通常远离自己的原生家庭，背离父母的价值观，加入同龄人的团体，经历着让父母头痛不已的"青春期叛逆"。他们"叛逆"的过程，也是更进一步分离个体化的过程，他们在自我同一性的混乱中慢慢建立起属于自己的信念、价值观、职业理想等；他们也要离开婴幼儿期所爱的对象（父母），探索并确立自己的性取向，寻找新的爱的客体，同性恋也往往在这个阶段出现。

总之，这是一个成长过程中急剧变动的"中间地带"，用美国精神分析学家、认同危机概念的提出者艾瑞克·埃里克森（Erik H.Erikson）的话来说，这是一个"合法的延缓期"，用来整合之前儿童期自我同一性的各个成分，解决认同危机，并建立新的自体连续感和一致感。

▲性身份的认同

对于青少年来说，把与"性"相关的部分整合进入自己的自体中，并不是一件容易的事情，也并不是直到青春期才突然开始。我们知道，从出生的第二年开始，当孩子不用穿纸尿裤时，他们就会开始探索自己的身体，当然也包括自己的生殖器官，并在刺激的过程中获得异样的愉悦感，我们将其称为"自慰"。

对于孩子来讲，这是他们了解自己身体的重要尝试，此时，父母是严厉地制止，还是不强化但也不禁止呢？父母对"性"的评价和态度，从很早就开始潜移默化地影响着孩子。

随着孩子对性别差异的探索，性意识的萌芽，父母们可能需要去面对各种与性有关的问题的提出，诸如："我是从哪里来的？""为什么男孩子有小鸡鸡，女孩子没有小鸡鸡？""为什么妈妈有'奶奶'，爸爸没有'奶奶'？"还有可能会被孩子看到做爱的场景。

父母是回答"你是从垃圾桶里捡来的"，还是根据孩子的接受程度，让他知道，因为爸爸妈妈的相爱，经历了一些过程，就有了你。"

父母的态度和回应方式决定了，对于我们每个人身上都存在的"性的身体"和"身体的性"，是属于我们自体的一个重要组成部分，可以被言说，可以被理解，也可以被放在一个适合的位置；还是成了背负羞耻感的、无法被言说的、需要被幽禁在暗无天日之地的存在。

孩子们会带着这些早期的印记，进入属于他们自己的青春期。不论是男孩儿还是女孩儿，都会面临性教育的问题，相较于家庭和学校的性教育，同伴间的交流和互联网的使用成了他们非常重要的学习渠道。而家庭和学校对待青少年第二性征发育的态度，又会影响到这个年龄段孩子不稳定的自尊心。

男孩儿和女孩儿对于各自性别身份的认同和彼此性别差异的探索，从他们两三岁性别意识产生时就开始了。但真正意义上的"生殖器的"性，以及对于异性有性吸引力的身体意象的建立和亲密关系的初探，还是伴随着青春期的到来才正式提上日程的。就像房屋搭建中地基部分对整体的影响，儿童期的依恋质量、性别角色的社会化发展情况等都会对青春期性身份认同的建立造成一定的影响。

相比遗精对男孩子的微小影响，月经对于女孩子的影响则要大得多。随着女孩子的月经初潮，她们需要开始使用卫生巾，随着乳房发育定型，也要开始使用胸罩。母亲对女儿成长的这两个关键点的态度非常重要。尤其是月经初潮时没有规律，抑或只是少许斑斑点点的经血，女孩儿可能自己也不是很清楚。这时，有的母亲只是扔给女儿一包卫生巾，告诉她以后就要用这个了，让她独自去面对从女孩儿慢慢成长为像妈妈一样的女人过程中的各种惶恐不安、不知所措。但有的母亲则会欣喜地让女儿知道，她的生命从此进入了一个新的阶段，她的身体会慢慢发育成熟，对男孩子会有性的冲动，需要面对异性并与之建立亲密的性关系，随着排卵和月经周期的规律，她也将像妈妈一样拥有孕育孩子的能力。不同的应对，会给女孩子的自我感带来完全不一样的体验。

相较于月经的私密性，女孩子的胸部发育则像是一个"公开的秘密"，也是女性性征更突出的外在表现。对于原本就不自信的女生，更容易面对这一变化羞涩不安、不知所措。她们可能会穿紧身衣把胸部束平，或者穿宽大的衣服把胸部遮住；她们走路时可能会含胸驼背；上体育课时更是局促不安。

总之，在自我身份认同混乱和整合的重要阶段，伴随着青春期身高体重的增加，乳房的迅速发育，性器官的逐渐成熟，就像婴儿需要在妈妈的眼睛里看到自己才能确认自己的存在一样，女孩子也需要在作为同性的母亲的眼神和话语中，看到其对自己这一新的生命阶段的理解、接纳与指导，才能帮助女孩子将自己的女性身份整合进入自体中，成为完整体的一部分，抱持自己的惶恐与羞涩，浇灌并滋养那含苞待放的"花蕾"，而不至于压抑和隔绝。

对于男生而言，虽然第二性征的发育带来的生理上的影响没有女生那么大，但随着其身高体重的增加，睾丸的发育和遗精的出现，面部毛发的萌发，喉结发育、声带变宽而出现的声音低沉等，让他们对于自己正在由男孩儿成长为一个像父亲一样具有生育能力的、性成熟的男人，同样有着复杂的心理反应。

相较于女生因为早熟带来的焦虑、抑郁（因为看上去年龄更大、体重更重），相对晚熟的男生则会显得更加焦虑，更渴望自己的成熟，以及获得别人的关注。

就青少年很普遍的自慰来说，除了因为道德（超我）批判带来的内疚、自责等情绪以外，和女孩子的相对隐匿比起来，男孩子的自慰会伴随着阴茎的勃起与射精，再加上对健康受损的担心，男孩子更容易焦虑不安。

而就彼此的关系来说，随着第二性征的发育，男孩儿和女孩儿由相斥变为相吸，在正襟危坐的课桌下，荷尔蒙的波浪暗流涌动、递纸条、写情书、视频聊天、结伴同行、初次接吻、初尝禁果，暗恋、明恋、初恋、失恋……

在这个动荡的青春期里，他们在压力重重的课业中，在好奇与懵懂、羞涩与兴奋的交织中，探索着：爱是什么？性是什么？自己的性别认同是什么？性取向又是什么？如何建立恋爱关系？

如何面对情敌的竞争？如何面对追求与竞争的失败？如何在情感与学业间取得平衡……为即将到来的成年早期做着各种准备。

▲信念价值与职业理想

如果说"爱与工作"是成年人生活的两大主题，那么青春期则是重要的预备阶段。但学校和家庭对两者的态度，几乎还是一边倒的以学业为重。除了所谓的学习成绩，也许对于青少年而言，更多的迷茫、更多的困顿还在于埃里克森所说的"自我同一性危机"。

自我同一性（自我认同）的问题，除了上文所说的与性别和性相关的主题，还包含：我究竟是一个什么样的人？我的道德观和价值观是怎样的？我以后想要以什么样的职业在社会中安身立命……这些问题不是突然出现的，而是带着婴幼儿期人格建构的基石，进入了青春期。

临床与发展心理学家詹姆斯·玛西亚（James Marcia, 1980）划分了四种不同的认同水平：

认同感混乱

"这一类个体对认同问题不做思考或无法解决，对将来的生活方向未能澄清。"这是一种比较散乱的自体状态，没有形成稳定的身份感，严重程度各不相同，容易陷入社会孤立。

认同感早闭

"这类个体获得了自我认同感，但是在这种认同感的获得过程中，并未经历在寻求最适合的自己时应该体验的危机。"

举例来说，这个社会的主流价值是追求经济和社会地位的成功，于是，孩子理所当然地认同了、毫不犹豫地选填了当下最热门的专业，以便未来能够进入高薪行业。

或者，母亲希望女儿能够去学会计专业，毕业以后可以去做稳定的财务工作，这对女孩子来说"再合适不过了"，于是，女儿想也没想就同意了。诸如此类的状况，都可称为"认同感早闭"，这样未必有问题，但如果有一天，孩子开始质疑既有的信念系统了，便会带来内心冲突，并产生"认同感危机"。

认同感延缓

"这类个体经历了埃里克森所说的认同感危机，正在主动提出生活价值的问题并寻求答案。"我记得我小的时候，就和环境格格不入，我觉得做人就应该实话实说、真诚以待，所以别人说什么我就信什么，我自己也对别人讲真话，可我们那个小县城推崇的价值观，是懂得察言观色、见风使舵、打小算盘，这才算"机灵"，我因此被人骗了，还被人笑话。我内心不接受也不认同这些东西，但是我所信奉的东西又找不到属于自己的位置。

对于未来的职业发展也是如此，我的很多初中同学都去读中专或者技校了，我要读高中考大学，可是，考什么专业呢？我从小就喜欢写东西，寒暑假的时候，我会自己主动去写作文，然后拿给语文老师看，希望能够得到他们的肯定，我记得，我前后找过好几个语文老师，但不知为什么，从来没有人夸过我。我也想当配音演员，我买了所有能买到的配音磁带，没事就一个人嘟嘟哝哝地背台词，我可喜欢上海电影译制厂的那些配音演员啦！为此，我还特意写了一封信给当时唯一能买到的电影杂志《大众电影》，结果，编辑还真的给我回信了，大意是说，没有专门的专业，要靠星探挖掘。星探？我环顾了一下四周……我还有很多其他的梦想，但是总之，我上了个大专院校，念了一个叫"物业管理"的专业，换过不少行业和职业。

埃里克森认为，认同感危机会在青春期的早期出现，并在15～18岁得以解决。但菲利浦·梅尔曼（Philip Meilman,1979）的研究显示，要到21岁之后，大部分的个体才会达到认同感延缓，并获得稳定的认同感。但即便获得了认同感，也不代表就固化下来。

譬如说，一个深受传统文化影响、全职在家相夫教子的女人，如果有一天离婚了，可能就会重新思考作为女人的身份认同。并且，对于认同感的不同方面：职业选择、性别角色、宗教信仰、政治意识，其发展也并不均衡，可能有的获得了，有的没有，有的过早关闭了，不一而足。

认同感达成

"获得认同感的个体通过自身的付出，确立了特定的目标、信仰、价值观的承诺，解决了认同问题。"梅尔曼的研究显示，在成年之前，15岁时只有4%的个体获得了稳定的认同，而18岁时有20%的个体获得了稳定的认同。相对来说，在比较早的阶段确立了自己的所喜、所长，并能和职业理想加以衔接的，便也能够更快地完成所谓的"自我实现"吧！

我自己是比较晚才确立了关乎价值信念系统和职业身份的认同，而各种尝试和探索，似乎是一点点地把"不是我"的部分慢慢地削去，关于"我是谁"的清晰意象才渐渐地显露出来。

总之，青春期作为儿童向成人的过渡时期，是从依赖走向独立个体化的时期，是从冲突与混乱慢慢走向自体统一的时期，也是为未来的成年生活进行前期准备的时期。

如果孩子在成年之前得到了恰当的养育，度过了不同的成长关键点，生理与心理的成熟度与年龄相匹配，他们将能更好地面对未来工作和生活的挑战；反之，则可能困难重重，甚至遁入"病"中。

▲

5

心理之病：在先天气质与后天创伤之间

很久以前，我去外地参加一个课程，遇到一位朋友，她和父母已经断绝关系好几个月了，起因于看了一本叫作《中毒的父母》的书。

"都是父母的错，所以我不能再妥协姑息，我要奋起反抗！"她振振有词、义愤填膺的神情，一直深深地刻在了我的记忆里。但我有一个更深的疑问：难道事情真的就这么简单吗？难道所有的事，都是父母的错吗？

诚然，养育很重要。成长中的孩子，就像一株幼小的树苗，需要一个好的成长环境为其提供阳光和雨露，让其健康生长，避免因为过于恶劣的天气导致夭折或发育不良。但孩子的先天气质在亲子互动中所起的作用，也不容小觑。情绪容易安抚的"好养型"孩子，会让父母更轻松、更有成就感，因而父母也会把更多的爱意给到孩子；而过度敏感、难以安抚的"难养型"孩子，则更容易让父母疲于应付、深感挫败，父母自然难有好脸色。

除此以外，作为成年人，父母自身的人格水平又受到他们各自父母的影响。如果他们自己的人格发展尚不成熟，内心的"容器"都承载不了自己的坏情绪，同时还要面对外部世界的重重压力，那么就更别说容纳孩子的情绪，并促进其人格的成长了。所谓"创伤的代际传递"，就是这样一代一代地传递下来的。

但无论如何，当我们论及成年人因为人格发展中的某些困境带来的心理情绪及工作生活上的困顿时，我们其实是在谈论先天气质、后天养育及社会文化的交织影响，而非单一因素。

▲先天的"心理股本"

每个婴儿都有独特的先天气质，罗斯巴特和贝斯特（Rothbart&Bates,1998）从恐惧性、易激惹性、活动水平、积极情绪、注意广度—坚持性、节律性六个维度对婴儿的个体差异进行了划分。

托马斯和查斯（Thomas&Chess, 1977; Thomas, Chess&Birch, 1970）则将大部分的婴儿归入容易型（40%）、困难型（10%）和迟缓型（15%）三种不同的气质类型。

也就是说，婴儿并不是像一张白纸一样来到人间，而是有着各自的天赋秉性。对于容易型气质的婴儿来说，他们天生拥有更多的积极情绪，情绪平稳度也更高，生活规律，更容易靠近他人，并适应新的环境。而困难型气质的婴儿，活动水平更高，易激惹性也更高，生活不规律，对于新环境的适应较慢。至于迟缓型气质的婴儿，活动水平则较低，偏抑郁和退缩，对新环境的适应也比较慢。

所以，从养育的角度来说，理解宝宝的先天气质，然后调整自己的节奏以适应其需要，对于父母而言很重要。因为对于敏感脆弱、对外界适应程度较低的婴儿，可能普通的拥抱所带来的刺激都会让他们不堪重负或是转过头去，甚至大哭大闹。

如果婴儿的主要照料者（通常是母亲）本身是一个情绪不稳定、自尊感较低的人，她就会将婴儿的正常反应视为对自己的拒绝，此时如果还有其他人在场，譬如公婆、亲戚朋友等，可能又会让这个母亲觉得，别人会认为她不是一个称职的妈妈，而因此备感压力。

以上这些都会影响到母亲的情绪和对婴儿的回应，譬如她会觉得：既然你不要我，那我就不抱你了，因此减少与孩子的接触。但这样的做法非但不利于帮助敏感的孩子慢慢适应外部刺激，改善与他人和环境的关系，反而会使情况变得更糟。

卡根（Kagan）在不同的气质类型和依恋类型之间找到了联系，他发现容易型气质的婴儿易被划分为安全型依恋，困难型气质的婴儿易被划分为不安全矛盾型依恋，而迟缓型气质的婴儿则易被划分为不安全回避型依恋。

但先天气质和后天养育之间是相互交织的，即便一个容易抚养的婴儿，如果创伤体验超过了其年龄所能承载的负荷，也会"生病"；而一个易激惹的婴儿，如果母亲能够敏感地调节自己的节律，适应婴儿的气质，也可以促进安全依恋的形成。

鉴于恐惧性、易激惹性、活动水平、积极情绪等气质类型的相对稳定性，随着孩子的慢慢长大，他们也将进入社会评价系统。对于一些更敏感、更害羞和沉默的孩子来说，因为他们不那么具有"社交性"，从而更容易面临消极的评价。

就拿我自己来说，我很不擅长社交，在很长的一段时间里，我都不接受自己这一点，而想努力让自己变成一个"幽默风趣"的人。直到有一天，我开始面对自己的这个特点，我不是不会讲话，只是讲不来那些话，也学不会。讲不来就不讲，学不会就不学呗！

包括我的敏感性，记得小时候看相声节目，别人还没什么反应，我就已经笑得前仰后合了。为此，没少挨我妈的训，她觉得我"疯疯癫癫"。但现在回过头来想想，我也算不上疯癫，只是敏感度更高，情绪体验比别人更强烈一些而已。

当然，除了心理因素以及涵盖其间的家族遗传的易感性，孩子生理上的病痛或者先天残疾，亦会对其心理健康以及照料者的情绪反应带来各种不同的影响。

▲后天的养育环境

当我们谈论后天养育的时候，从某种程度上来说，我们是在谈论父母的人格水平对孩子人格发展的影响。

我们在前文谈到，孩子在成年以前，不同的成长阶段有不同的心理发展任务，如果顺利度过了，便会发展出相应的人格品质，并助益他们下一阶段的成长；如果被困住了，就像是建造房子，一旦某个环节出了问题，以后的各个阶段都会受到影响。埃里克森提出过著名的人格发展的八个阶段，他认为每个发展阶段都是一个潜伏的危机和转折点，存在着不断增加的易损性和不断增强的潜能性。

对于父母来说，理解孩子在不同阶段的心理特点和成长需求，能够帮助他们更好地推动孩子的人格发育和成熟。但仅仅知道理论和技术是远远不够的，因为对一个人的人格发展更深的影响，来自"人"对"人"的影响。

举例来说，一个非常抑郁的母亲，当她在喂养孩子的时候，只是把乳头塞到婴儿的嘴里，然后像抱根木头一样抱着孩子，当孩子伸出手来抓住她的手时，她也听之任之，没有任何回应。

对于一个刚出生不久，处于绝对依赖状态的脆弱婴儿来说，他会特别需要母亲能够作为自己的"辅助性自我"，这种依赖并不仅仅只是被喂饱，而是一种"抱持"。正是这种"抱持"让孩子能够在妈妈的怀抱里感觉到安全、温暖，自己的需要能够被觉察并满足，自己的活力能够被回应并释放……母亲用她自己的自我，加强并巩固了婴儿弱小的自我。

如果婴儿被一个心理上"死亡"的母亲笼罩着，也就是说，婴儿非但没有受到保护，反而暴露在一个"侵蚀性"的环境中，那么其核心自体会被影响，自我存在的连续性会被打断，可能会导致精神病性的湮灭。如果因为母亲的病理性人格在婴儿期便给孩子带来了创伤，那这个受伤程度就非常深了。

如果孩子面对的是这样的母亲：她非常享受和婴儿的融合状态，也非常认同婴儿对自己的依赖；她能够很敏感地从婴儿的哭声中辨别出其不同的需要并及时满足；她也很喜欢和婴儿嬉戏玩耍……那么对于婴儿来说，这是一个"足够好的母亲"。

但随着孩子的运动、语言、认知等能力的发展，孩子需要逐渐远离母亲去探索未知的新世界。而这个母亲担心孩子没有能力应付外界的挑战，也很害怕和孩子分离，所以对孩子的活动会有很多限制，并且会大包大揽地帮孩子把很多活儿都干了。对于孩子来说，虽然其婴儿期的心理发育没什么问题，但母亲的无法放手却限制了孩子发展出自己的能力，孩子因此很难走向独立。

从某种意义上来说，成长的过程也是一个孩子从依赖走向分离个体化的过程。在孩子不同的成长阶段，需要养育者以不同的方式对待，以促成孩子人格的发展。如果养育者自己的人格在某个维度受限，那么势必会对孩子造成影响，更遑论养育者对孩子身体与心理上的虐待了。

父母的人格水平发展到哪里，就会把孩子带到哪里，同理，在心理咨询这个再养育的过程中，咨询师的人格水平发展到哪里，就会把来访者带到哪里。

但这并不意味着要长成"完美的"父母，每一个阶段都得做得"恰到好处"，并养育出一个"完美的"孩子。作为父母，能够尽力而为、做好自己就行了。

每个人都有自己的命运，这不是父母能够左右的。只是对于孩子来讲，先天的脆弱性越高，后天的创伤性越大，而受伤的年龄越早，则心理病理的程度越重，修复起来也就越难。

▲社会文化环境

当我们谈论养育环境时，仅仅讨论微观的家庭是不够的，因为所有的家庭单元都构建在一个更大层面的社会文化背景之上。

当弗洛伊德在谈论性和攻击性被压抑时，他其实也是在谈"文明对本能的压制"。想想三五岁的孩子，他们对于性别差异及性的好奇和探索是再正常不过的事情了；他们喜欢小朋友的玩具便偷偷拿回来，并告诉妈妈是小伙伴送给自己的，这也是再正常不过的事情了。

但社会对性和攻击性的"道德观"（超我）会构筑进父母的人格中，影响他们对孩子暴露及探索身体和性器官、偷窃和撒谎等行为的反应。父母是施以严厉的禁令和惩罚，还是如科胡特所言，以"不带诱惑的深情，不带敌意的坚决"来面对孩子新的发展阶段呢？

从某种意义上来说，社会的文明程度取决于群体性的道德水平。发展心理学家关注道德的情感成分、认知成分和行为成分，例如内疚感、同理心、是非观等。

按照弗洛伊德的说法：一个更"文明"的社会，就是每个个体在一定程度上牺牲人格中的权力欲、进攻性及仇恨性，进而实现物质财富与精神财富的共享。而一个道德败坏的社会，就像日本导演黑泽明的《罗生门》中所呈现的世界，人们在生之欲、贪之欲、淫之欲的本能驱使下为所欲为（满足"本我"而无视"超我"）。而社会环境就像是一个"母体"，滋养或侵蚀着其内细若微尘的个体。

每个时代有每个时代的道德观，而我们在无意识间被其左右。在《红楼梦》作者曹雪芹生活的年代里，如果丫鬟被发现和男人私通，是会被活活打死的，但现在，虽然私通的行为在道德层面上为人所不齿，但是否构成犯罪，人们的看法差异巨大。在鲁迅所著的《祝福》里，像祥林嫂那样，男人死了还改嫁，并且嫁的两个男人又都死了的寡妇是败坏风俗的，祭祀是被禁止参与的，但我们现在会觉得作为独立的人，她有选择自己如何生活的权力。

当元朝周达观于1296年抵达真腊（今柬埔寨）时，发现当地民众除了下身裹布以外，"男女皆露出胸酥，椎髻跣足。虽国主之妻，亦只如此"。再加上当地气候炎热，每天要洗好几次澡。通常两三家合用一个浴池，虽分尊卑，但男女同浴。且隔三岔五，妇人们会三三两两地去城外河中脱光了衣服洗澡，且不以为耻，并常有上千人聚于河内。而七百多年以后的今天呢？作为成年人，尤其是女性，光天化日之下光着上半身在大马路上走，一丝不挂地在河里洗澡，这都是难以想象的。

每个时代都有每个时代的病症，我们身处其中，就不可避免地被浸染和同化，并渐渐习以为常。每个时代也都有每个时代的天灾人祸，那些巨大的创伤可能会代际传递，并需要好几代的时间去弥合，还未必能成功。生而为人自有其艰辛与不易，成其所是，既有无数的偶然，又有无数的必然。

第二章

化解生命中的情绪，
掌管自己的生命模式

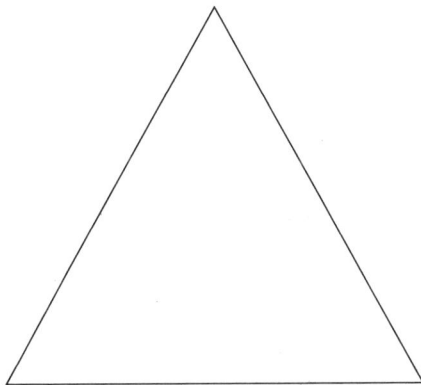

当我们谈论心理之病时，我们通常谈论的是情绪之苦。就像身体的成长，从稚嫩走向成熟，情绪的发展也有其特定的路线——从基本情绪到复杂情绪，从躯体化、行动化情绪到语言化情绪，从原始不稳定的情绪到成熟平稳的情绪。

情绪的发展是先天和后天交织影响的结果。早年良好的养育环境就像一个抱持的空间，助推孩子情绪的成长，贮存更多积极的"情绪资本"，涵容不同的情绪体验，建立良好的自我调节能力；而早年坎坷的成长经历，则可能贮存更多的消极情绪，激化情绪的混乱度，难以进行有效的自我安抚，从而让人常常陷入情绪的狂暴，或因为难以承受痛苦而不得不将情绪隔绝！

2

▲

1

一条叫"抑郁"的黑狗

近年来，大众对心理健康的认知度和重视度越来越高，其中"抑郁"可能是最先进入民众视野的概念。世界卫生组织（WHO）也曾经制作过一个关于抑郁症的科普短片：《我有一条黑狗，它名叫抑郁》。

抑郁是一种复合性情绪，主要包含痛苦，并依不同情况而合并诱发愤怒、悲伤、忧愁、自罪、羞愧等情绪（Izard, 1977; 1991）。总体来讲，人在抑郁状态下常会陷入情绪低落、绝望无助、空虚无价值感、内疚自责的状态，甚至产生自杀念头，同时精神状态变差、自身功能减弱、社交活动降低，并会在生理层面出现睡眠障碍，食欲、性欲降低的情况。

诱发抑郁的"触发点"通常和"丧失"有关，例如亲人死亡、失业、失恋、离婚等，而丧失过程中如果伴随着羞辱体验（例如挚爱背叛），则产生抑郁的比例较高。我们每个人的生命中都不可避免会遭受丧失，但为什么有的人能够哀悼并告别，而有的人却被困在抑郁的深渊呢？

弗洛伊德在其经典之作《哀悼与忧郁症》中，曾论及早年失落造成的易感性，以及"转而向内的愤怒"（攻击转向自身）。精神分析领域的其他学者丰富并发展了弗洛伊德对于抑郁的理解，卡尔·亚伯拉罕（Karl Abraham）认为，抑郁起源于恨的力比多占主导，而压抑导致了负罪感。

梅兰妮·克莱因谈到了面对抑郁出现时的躁狂式防卫。比布林（Bibring）与海因兹·科胡特的观点比较接近，即抑郁和自恋与自体相关。安德鲁·莫里森（Andrew P. Morrison）则尤其强调了羞耻感。而约翰·鲍比认为，抑郁源自不安全依恋中被抛弃和不被爱的感觉。

▲无望感：无力去改变

美国心理学家马丁·塞利格曼（Martin E.P. Seligman）在1967年进行了动物研究：他给关在笼子里的狗施以难以忍受的电击，狗怎么努力也无法逃脱，多次实验以后，即便电击前把笼子打开，狗也不再逃离，而是绝望地等待痛苦的来临。

在此系列实验的基础上，马丁·塞利格曼建立了"习得性无助"的理论。从情感体验的角度来说，习得性无助的患者陷入了一种不管自己怎么努力都无法改变现状的无望感。塞利格曼认为，习得性无助可以用来解释"反应性抑郁"的发生机制。

温尼科特谈到过一个"主观全能感"的概念，说的是在生命的最早阶段婴儿对现实感的缺乏。在"足够好的母亲"的养育下，饿了，充满乳汁的乳房就会自动到自己嘴边；冷了，母亲就会调控到让自己舒服的温度。

此时，母亲和婴儿是融为一体的，母亲的"自我"是完全服务于婴儿的"自我"的。但婴儿并不知道是母亲对自己无微不至的呵护带来了这一切，而是幻想出了全能的自恋，一种世界可以被自己创造和掌控的感觉。

随着婴儿渐渐长大，母亲慢慢从婴儿的"代理自我"的状态中脱身出来。作为独立的成人，她也有自己的需求去满足，有自己的愿望去实现。不能继续无条件地即刻满足孩子。随着母亲回应频率的降低，孩子将要痛苦地面对幻觉的破灭与现实的挫折，但只要挫折是"非创伤性的"，孩子就能够慢慢实现自体（自己）与客体（养育者）的分化，提升应对挫败的能力，并迈向独立个体化。

但是，如果挫败体验过于强烈，就像前文提到过的母婴分离，在婴儿最稚嫩、最需要母亲的情感抚慰与抱持环境的供给时，"爱的客体"丧失了，婴儿被暴露在无法忍受的痛苦中，而他们根本无力改变什么，因为痛苦超过了婴儿能够承受的范围，这导致了"创伤"的发生，他们中的一些人罹患了"依恋性抑郁"。

有研究显示，十七岁前失去父母显著提高了成年以后抑郁的概率，其中与父母的永久分离比父母死亡带来的影响还要大，并且丧失的发生在孩子九岁之前比九岁之后有更高的致病风险性。

这部分不难理解，孩子越弱小，越需要"环境母亲"的呵护，帮助他们隔绝外部的侵害，让他们的自体得以凝聚并牢固，让他们的自我功能得以完善并增强。孩子成长的过程，是在养育者适当保护的前提下，不断去尝试和探索新领域、学习新技能的过程。让孩子成功时得到鼓励，失败时得到慰藉，逐渐建立"自我效能感"，即便在遭遇挫折时，也仍然怀有"希望感"。在这个过程中，随着孩子的自信和能力的提升，养育者将逐渐淡出和减少保护。

但如果因为重要照料者的丧失，或者诸如虐待、疏于照看等情况的发生，让孩子暴露于无力承受的创伤体验中（甚至可能要面对亲人死亡或离开的永久性丧失），孩子自体的脆弱性相对也会更高。等到成年以后，再度发生失落性的事件，"新伤"激活了"旧伤"，相较于只有"新伤"的人，他们更容易陷入抑郁，也更难从中走出。

▲罪疚感：都是我的错

弗洛伊德在《自我与本我》中论及抑郁时，特别谈到严厉的超我与强烈的罪疚感。

从养育的角度来说，"超我"的形成通常和父母对孩子过于严苛、过多指责有关。经过长时间的积累，孩子会将父母的态度构筑成内在的客体表象，也可称之为超我。即便孩子长大远离父母了，但内化了的超我就像是悬在头顶的父母严厉的目光，无时无刻不在贬低和批评自己。但是弗洛伊德在谈论罪疚感的时候，并没有特别把它和羞耻感区分开来。

霍夫曼（Hoffman）认为，罪疚感是个体行为危害了他人，或者违反了道德规范而产生的良心上的反省。

三五岁的小孩儿正在开始慢慢发展出道德感，这个阶段也会出现攻击、偷窃、撒谎、作弊等行为。从某种程度上来说，我们可以将后者视为"本我"的表现，譬如说，一个小朋友打了另外一个小朋友，原因是"我讨厌他"；或者把妈妈心爱的陶瓷花瓶打碎了，撒谎说是猫咪弄的，因为"害怕被骂"；抑或在玩游戏的时候作弊，因为"我想赢"。本我的满足是享乐原则、趋利避害、无视现实规则，这是孩子天性的一部分，但我们的社会道德准则（超我）会对其进行评定、抑制或惩罚，父母、幼儿园老师等通常会在这个过程中充当超我执行者的角色，来建立孩子的道德观。此时，父母、老师是否既能理解孩子行为背后的动机，并加以适当引导，而非简单地贴标签，则至关重要。

温尼科特曾经谈到过婴儿本我驱力中的攻击和摧毁性，这是婴儿最原初的活力与动能的表现，此时婴儿虽然在母亲的怀中各种闹腾，把母亲折磨得疲惫不堪，但都是"无心"的，他们只是将母亲视为释放其"本能生命"的客体来使用，如果母亲能够经受得了婴儿的折腾，婴儿会变得越来越大胆和自信。

非常重要的一点是：在这个过程中，婴儿的"攻击性"得以向外释放。而如果母亲没有回应，或者被婴儿弄得崩溃掉了，或者反过头来惩罚婴儿，则婴儿向外的力量会向内萎缩，也有可能会变得过度顺从，从而抑制自己的需要。

也就是说，在正常的发展情况下，婴儿最初并没有把母亲视为一个独立的个体，而只是满足自己需要的工具；也没有把母亲视为好坏兼有的完整体，而是非好即坏的"部分客体"，所以婴儿会完全不管他人，只顾自己。

婴儿并非真的"无情"，只是能力有限。随着婴儿慢慢长大，会有一种朝向整合的发展倾向。孩子开始意识到，这个自己既爱又恨的"客体"，是一个有血有肉的、独立于自我之外的完整体，孩子在情感中的"矛盾两价性"发展出来，进入了克莱因所说的"抑郁位"。此阶段，孩子对于自己因愤怒不满产生的攻击可能对母亲带来的伤害，会产生罪疚感。

当我们谈论罪疚感的形成时，我们在谈内外两个维度。"足够好"的养育环境下，孩子能够发展出向外的攻击力，以及完整的客体关系能力和共情能力，这让他们更能够接受外部道德规范的要求，并整合进自我的人格中，发展出适当的道德感。

但如果婴儿期，母亲不恰当的回应使婴儿向外的"攻击性"没得到满足，婴儿内心所构建的最初的客体意象就可能是没有回应的、无能为力的或者过于严苛的，不论哪一种，都会抑制婴儿的自发性。

当幼儿能走、能说话，慢慢熟悉社会规则以后，如果孩子的随意拿别人的东西等行为受到了非常严厉的惩罚，甚至被贴上了"坏孩子"的标签，则容易让孩子产生"罪孽深重感"（自罪到极致，便可能自杀）。

再如，一个婚姻不幸的母亲，经常对孩子哭诉说："要不是为了你，我早就离婚了！"这会让孩子觉得自己该为母亲的痛苦承担责任。

我们内在的力量会有两个指向——向外和向内，两者不可偏颇。而过度的罪疚感，则是在过度严苛的超我惩罚下的一种向内的过度攻击，以压抑自己的方式来满足超我的需要，从而丧失了属于自己的主体感！

▲羞耻感：都是我不好

羞耻感是个体因为自身在人格、能力、外貌等方面的缺憾，或思想、行为与社会常态不一致，而产生的痛苦的情绪体验。

羞耻感属于典型的自我意识情绪，是个体在社会评价系统中自我感降低时所产生的。

比布林认为，抑郁是一种自恋调节系统的障碍。而根据罗伯特·史托楼罗（Robert Stolorow, 1975）关于自恋的功能性定义来看，则涉及积极情感色彩的自体表象、结构紧密的自体和自体身份三个维度。

通俗来讲，抑郁首先意味着"自尊调节器"出了问题。打个比方，你跟迎面而来的领导打招呼，领导理也不理你就走过去了。如果你是一个自体凝聚力比较高、自我价值感比较强的人，能够自我调节，即便有点儿失落或者不满，也很快就过去了。但如果你是一个自体脆弱、自尊心较强的人，可能就会觉得自己受到了严重的贬低与忽视，"自尊碎了一地"，甚至会产生自恋性暴怒。

那为什么相似的情境，人们被唤起的情绪体验会各不相同呢？这就涉及在早年成长经历中自恋的发展与停滞了。科胡特论及在正常的发展中，父母要能够满足孩子的需要，并让孩子觉得自己依附于这个强大的"自体客体"，而自己也变得很完美、很有价值；同时，父母要能够镜映孩子，让孩子的"夸大表现癖"得以充分释放，正如前文提到的那个被父亲称作"世界冠军"的男孩。

但这只是发展的第一步，父母不会永远全知全能，总有回答不了孩子问题的时候，也总有满足不了孩子需要的时候，孩子也不可能战无不胜，总有被比下去的时候。

父母如果能坦然面对自己的"有所不能"，而非敌意地打压孩子的挑战，那么只要孩子面对的挫折是"非创伤性"的，不至于把他打垮的，孩子的"夸大自体"就能慢慢调整到更现实、更稳固的状态，抗打击能力也会更强，而不至于碰到一点点挫折就碎掉了。孩子也会把其"理想化客体"慢慢调整到更真实、更落地的状态，不至于极致地去理想化某个"大神"。

随着自尊、自我价值感的内化，孩子会将自体的价值从客体的目光中分化出来。孩子的内在渐渐形成了对于自体身份和价值的认同，并认识到：不是别人赞美我了，我就有价值，别人贬损我了，我就一无是处。因而，受外界评价系统的影响没那么大了，也就没那么容易抑郁了。

然而，自我价值的认同也并非早年建立了就一劳永逸了，因为它可能在新的情境里又会循环往复。就拿我自己来说，当我离开原来的职业进入心理咨询行业时，从某种程度上意味着我要像一个嗷嗷待哺的婴儿一样重新开始，从头再来了。

等我进了中德班学精神分析时，鉴于这个培训项目在行业内的名声，我就像是攀附在了"理想化的父母"身上，一下子自己也"光芒万丈"了起来，尽管实际上不堪一击，但自体的膨胀是真实存在的。直到跌了几个大跟头，我才清醒过来。但因为在这个过程中，我真的学到东西了，真的找到自己了，也真的在老师们的眼睛里确认自己的存在了，所以，在扛住挫折的同时，我也变得更加现实、更加落地，更加分化出来做自己。

也就是说，先要"有"，才能"破"。如果一开始就是"无"，那么遇到点儿沟沟坎坎的，也就"病"了。所谓的"无"，可以追溯至母婴期，一个抑郁、焦虑或无回应的母亲，无法让婴儿稚嫩的自体稳定地攀附和依赖，身心也因为得不到恰当的"乳汁"喂养而无法富足。也可以是儿童阶段，一个无能、酗酒的父亲，让孩子找不到"自我理想"投注的对象。也可以是成年前的任何时期，不论是家庭还是学校、社区的环境，因为自己的学业水平、行为举止、身高长相等而经常处于被贬低、被指责、被否定或被无视的状态，使得内心充斥着消极的自体表象和较低的自我价值感，那么，等到成年后，遇到点儿风吹草动，也就更容易体验到"自己不够好"的羞耻感了。

　　丧失，作为抑郁的触发点，在我们生命的各个阶段都有可能发生。而跨过抑郁，我们需要发展出哀悼的能力，告别过去并重新开始；我们需要发展出向外攻击的能力，能够外化并扔掉不属于自己的情绪包袱；我们需要发展出自信来确认主体的价值感，而非被他人的评价所束缚！

2

▲

2

焦虑：从崩解焦虑到超我焦虑

焦虑是一种很常见的情绪，美国精神病联合会将其定义为"由紧张的烦躁不安或身体症状所伴随的，对未来危险和不幸的担忧预期"，也就是说，焦虑是对那些看不到的东西的害怕。

如果害怕的事情成真了，则有可能会陷入抑郁。例如，某人担心公开演讲失败，满怀焦虑。结果真的讲砸了，台下哄堂大笑，他觉得"脸都丢尽了"，然后就抑郁了。

焦虑是一种复合情绪，和恐惧的差异与联系在于：恐惧是由具体的刺激源引发的。例如在森林里遇到一条毒蛇，恐惧驱使个体采取应对策略避开威胁，但如果策略失效，个体无力应对，则恐惧会转化为焦虑，也就是"对恐惧的恐惧"。

成年人的人格是在先天气质和后天养育错综复杂的交互影响下形成的。所以，一个人越早遇到越多逃无可逃的恐惧，这些"未解决的恐惧"就越可能转化为待唤醒状态的恐惧。也就是说，当有类似的刺激情境发生时，这种恐惧就会被唤起，焦虑因此产生。

举例来说，一个有依恋创伤的成年人，在生命的初期换了好几个照料者，每当她想要靠近依附时，就被迫与照料者分离了。在她的心中，有着未解决的"被重要他人抛弃"的恐惧，所以当她到了谈婚论嫁的时候，随着和男友关系的日益亲近，焦虑就会被唤起。

再如，一个小男孩儿，有着非常严厉、权威、不容侵犯的父亲，他每次见到父亲都很害怕，话都不敢说。等到他长大以后，当遇到男性年长的领导时，小时候未解决的"会被惩罚"的恐惧就会被唤起，于是因为担心会被领导训斥而不敢靠近。

由此可见，即便我们谈论"焦虑"，它也是有不同类型的。不同类型的焦虑，构筑了我们不同的人格底色。精神分析，则是从发展的视角构建了焦虑的发展阶序。

▲崩解焦虑

崩解焦虑起源于弗洛伊德所说的口欲期（0～1岁），即温尼科特所说的绝对依赖阶段、玛格丽特·马勒所说的共生阶段。

一个刚出生的婴儿，虽然从脐带被剪断的那一刻起，他在身体上和母亲分离，成为一个独立的个体，需要自己呼吸，自己吃喝拉撒，但他的心理意义上的"我"尚未分化，需要母亲的完全供给，也没有力量抵御外界的伤害。

按照温尼科特的说法，此时母亲需要为婴儿提供保护性养育，帮助婴儿抵挡外部侵害物，并让婴儿真实的自体处于"隔离状态"，从而使"遗传潜质"转变为"连续性的存在"。

但如果有侵害物侵蚀到婴儿的核心自体，则有可能打断或消灭婴儿的存在，一次次的打断会造成自我虚弱及湮灭感，带来精神病性强度的崩解焦虑。

非保护性养育包括：

婴儿基本的生理需要得不到及时的满足。例如婴儿因为饥饿而哭得死去活来，但妈妈不知道跑到哪里去了，周围连个回应的人也没有，这种情况经常发生。

婴儿身体的脆弱敏感性没有得到很好的照顾。例如婴儿被放在没有护栏的床上，导致滚了下来。

其他类型。包括和婴儿没有肌肤接触；和婴儿没有情感互动，像抱木头一样抱婴儿；养育者本身就是侵蚀性的来源，如极度焦虑或抑郁，或带着各种负面情绪把孩子抱在怀里……

这种自体最稚嫩期的创伤体验，可能会给孩子的心理遗留下诸如碎裂成碎片、无止境地坠落、和身体没有连接、失去定向感（Winnicott, 1962）等体验，从而产生自体被吞噬、消融、湮灭的恐惧感，严重的话，还可能会导致婴儿期的精神分裂症或孤独症、隐性的精神分裂症、分裂样人格、假自体的防御等精神疾病。

顾名思义，被迫害焦虑就是担心别人心怀恶念，要伤害自己，是一种在人际关系中感到极度不安全的表现，比较典型地存在于偏执型人格者的身上。这也是一种生命早期阶段发生的焦虑，出现于婴儿期和幼儿期前期。克莱因的偏执—分裂心位，尤其用来描述这种焦虑特质。

我们可以想象一下婴儿的成长，从最初的混沌融合状态开始慢慢地分化，自己所经历的体验会被二分性地划分为愉悦的、痛苦的，好的、坏的。由此，母亲作为重要的照料者，当她能够及时回应并满足婴儿的需要时，她就是"好的"，如果没有回应或是回应错误，让婴儿经历到挫败了，那么她就是"坏的"。

但此时，婴儿还没有能力把母亲视为既好又坏的完整体，只能局部性地体验到与自己连接的部分，例如"乳房"。如果乳房带给小婴儿的挫败体验太多，经常被饿着，受到惊吓了也没人安抚等，那么婴儿的体验会是一种被迫害或被消灭的威胁感。

如果没有足够多的"好乳房"体验来帮助婴儿克服被迫害的恐惧，那么这个"坏客体"便会被婴儿内化吸收进来，并在与他人的人际关系情境中"投射"出去，产生被迫害焦虑，当然程度有深有浅。

譬如说，某人总是觉得邻座的同事不怀好意，在领导那里打自己的小报告，害得自己晋升不了；总是觉得卖菜的心怀叵测，一定缺斤少两、以次充好；等等。

除了养育对婴儿的影响，克莱因也特别谈到了婴儿先天的爱与恨的驱力，在生本能与死本能之间的挣扎。孩子的破坏性与攻击性的冲动朝向了母亲，又害怕母亲作为一个迫害者会伤害自己。也就是说，婴儿内心的被迫害焦虑，其实来自于他自己体内攻击和施虐性的冲动，然后将这部分的"自体"投射到了他人身上。

不论是先天因素，抑或后天养育所带来的不安全感，对于处在发展早期的孩童来说，他们尚未发展出整合"好"与"坏"的能力，所以他们能做的就是好东西自己留着（"我是善良无辜的"），坏东西扔出去（"同事在背后算计我"），然后再把坏东西"灭掉"（"我要以牙还牙"），以保全自己。

▲分离焦虑

分离焦虑是婴幼儿在同依恋对象分离时，所呈现出来的恐惧不安的反应，一般出现在6～8个月，14～18个月到达顶峰，然后逐渐下降（Kagan et al, 1978; Weinraub et al, 1977）。这也是婴儿有能力将熟悉的人或环境，与不熟悉的人或环境区分开来的一种表现。

对于稚嫩的婴儿来说，从主要的依恋对象那里获得安全和保护是一种天生的需要，尤其是在生命的前两三年，孩子的情感客体永久性还没有完全建立起来的时候。对于婴幼儿而言，消失就意味着不存在，他们尚不能内化那些安全依恋的体验，来进行自我安抚。

这是一个逐渐分离个体化的过程，就像处于学步期的小孩儿，一边往外爬，一边还要回过头来看看妈妈在不在。母亲就像是一个"安全基地"，让孩子能够自由探索；又像是一个"安全港湾"，让孩子能够退回，得以庇护。

就在这样反反复复的互动过程中，"好客体"越来越多地内化，安全感越来越多地提升。孩子能够和母亲"分离"得越来越远，也能够有勇气去独自面对更多未知的挑战。

但如果孩子在早年的成长中，经历了太多他们自己无力消化、无法承受的分离创伤，这将对孩子的整个人生都有长远的影响。就像约翰·鲍比在其著作《分离》中所言："我们有理由相信，在生命的头三年里，个体如果经历了长期或者反复出现的分离，那么分离将会永远存在于他的生活中。"

这种分离可以是出生后即被遗弃或者送人，可以是母亲的死亡，可以是不停地更换养育者等。但我们也不用过度夸大早期分离焦虑的影响，有很多被养父母抚养长大的孩子也很健康。重要的是，能否让孩子在一个被抱持的环境中建立起安全依恋的能力。

而成年以后的分离焦虑，则是在关系中充满着被抛弃的恐惧，一点点风吹草动就会唤起客体丧失的恐惧、自己没人要的恐惧。这种体验在边缘性人格障碍患者中占有重要的地位。

▲ **不被爱的焦虑**

如果说分离焦虑是对"丧失客体"的恐惧，那么不被爱的焦虑则是对"丧失客体的爱"的恐惧，这些是客体恒定感阶段的焦虑特点，但就爱的给予与剥夺而言，则早至婴儿出生前就已经开始了。

一般认为，爱是人类主动给予或自觉期待的满足感和幸福感。科胡特认为，人们一生都需要来自"自体客体"的支持。这个"自体客体"既有其特定含义，又有其一般意义。

对于很小的孩子来说，他们还处于相对依赖阶段，没有能力将自己和照顾自己的他人视为独立的个体，他人更多地起到支持自体的"自体客体"的功能性角色。

例如给予孩子镜映、肯定、欣赏，以孩子本来的面目去对待他，让孩子觉得不管自己表现得好不好，都能够被爱、被接纳。孩子在"妈妈的眼睛里"看到并确认了自己存在的价值，当这种"被爱"的感觉内化到足够稳定以后，即便外部"爱的客体"撤走了，孩子的内心也不至于陷入崩塌、抑郁。

但如果孩子最早年的体验是具有剥夺性的，譬如说成长在一个暴力的环境里，是被厌恶和虐待的，或者有一个非常严厉的父亲，那么不论孩子多么努力，都会被贬低、被指责，觉得太糟糕了、做得还不够好；或者即便有爱，也是"有条件的爱"，譬如只有考到第一名，才是好的和值得爱的，否则，就什么也不是……

孩子没有被爱充分地滋养，会带来自体的匮乏感，以及与客体分化的困难，因为其真实的存在没有被"指认"过。但对爱的渴求是每个人的需要，于是他们便有可能通过压抑自己的需要，察言观色，以讨好他人来获得别人的喜爱，或者通过努力获得成功，以金钱、地位来让别人爱自己等。

这是一种尚未从"古老的"自体客体联结中解放出来的状态，是不自由的，一种觉得自己够好、值得被爱的、稳固充盈的自体还没有建立起来，还需要不断通过外界的认可来填补内心的空缺。

更成熟的状态是能够更自由地选择"自体客体"，并建立彼此满足、互相给予的爱的关系，这也是自体客体的一般意义。但不成熟地获取爱的方式，在我们的这个时代是如此普遍。

▲阉割焦虑

阉割焦虑最早是由弗洛伊德提出来的，发生于俄狄浦斯期——孩子三五岁的年龄，有了性别和性的意识，伴随着身体的探索发生自慰行为，想靠近异性父母并排斥同性父母的阶段。

这里涉及两个议题，一是性与攻击的本能驱力；二是在社会规则和父母禁令的压制下，幼小的孩子无力对抗强大的父母，从而担心自己被"阉割"所产生的焦虑。

科胡特认为，阉割焦虑是父母回应不当的产物。或者，从一个更广的层面而言，阉割焦虑是父母将内化了的社会性的超我，加在了孩子的身上所导致的恐惧。

如果父母能把孩子关于"性"的探索视为其发展的正常过程，接纳他，并让他理解，这虽然是一个"私密"的行为，但可以被言说，也可以被接受，并把孩子的"攻击"行为视为其成长和分离个体化的必经阶段，不至于被击垮，也不会暴戾地反击，同时，让孩子知道他想要"分开父母"，自己插足成为"父母最爱的那个人"的潜意识愿望也无法得逞，那么孩子就能慢慢地将"性"整合进自己的自体，敢于发动攻势，敢于叫板权威，不惮于竞争，也能面对竞争失败后自恋受损的局面，而不至于垮掉。

如果父母非常严厉地对待孩子的性探索及攻击欲，或者异性父母以情色诱惑的意味和孩子建立关系，则孩子在面对权威时，就可能显得唯唯诺诺、不自信，不敢表达自己的观点和主张，在竞争的关系里会退缩；害怕自己的攻击性会伤到对方，或者对方的反击会"灭了"自己，所以会过度讨好、逢迎他人，避免冲突；也可能会将身体中性的部分过度压抑，抑或以性引诱的方式和异性建立关系等。

阉割焦虑的相关议题，会较多地存在于神经症症状的讨论中。

▲超我焦虑

超我焦虑可以理解为：因无法达到内在的道德标准，而产生的罪疚感和良心上的自我惩罚。

适度的超我焦虑是必要的，例如在超市买东西，发现营业员多找了10块钱，尽管营业员没察觉，但还是把钱还了回去。

而过度的超我焦虑，会对自己和他人产生过高的道德要求，一点点小事就"上纲上线"，让彼此不堪重负。

至于太少的超我焦虑，则可能导致无视最基本的道德准则，如杀人越货、坑蒙拐骗。

认知心理学家让·皮亚杰（Jean Piaget）认为，在生命的前五年，儿童处于"前道德时期"，对于社会规范并没有多少意识。他们可能会做出让父母震惊的偷窃、撒谎、攻击、作弊等行为，目的只是为了满足本能的愿望，而非父母道德评判下的"恶念"。并且，孩子也在从"主观全能感"到"现实局限性"的发展过程中，以及从"想象即现实"到"想象是想象，现实是现实"的分化区隔中。

他们可能会因为想吃货架上的糖果，就将其偷偷揣到口袋里，可能因为小朋友挡了自己的道，就一脚踹过去。但他们终究需要学习在利己与利他之间找到一个大致的边界，部分地放弃驱力的满足，争取被他人接纳。

在孩子道德感发展的过程中，父母的言传身教、处理方式等至关重要。父母要能够理解这是孩子特定阶段的表现，在孩子的主观愿望和他人的感受以及道德规则之间加以权衡及引导，而不是将太过严厉的"超我"加诸孩子的行为之上。例如，当孩子们在小区游乐场玩耍时，母亲发现孩子偷偷将别的小朋友的玩具藏起来，赶紧将玩具掏出来还给人家，一边道歉一边抓起孩子打。太过严苛的道德惩罚，容易导致过于强烈的超我焦虑。

温尼科特曾论及母性养育对道德发展的重要性。当一个充满信任的"好的"客体关系驻留在孩子心中时，孩子对他人的关心和自身道德感的建立，也就自然而然、水到渠成了。

总之，焦虑是我们每个人都会经历的情绪体验，适度的焦虑会推动我们更好地前进，而过度的焦虑则会让我们被情绪淹没，进而迷失自我。

3

匮乏之苦与分享之痛：从嫉羡到嫉妒

　　嫉妒，是一种与自我意识相关的复杂情绪，也是一种非常常见的情绪。《心理学大辞典》中对嫉妒的定义是：与他人比较，发现自己在某些方面不如他人而产生的一种交织着羞愧、愤怒、怨恨的复杂情绪。

　　其实嫉妒情绪不仅仅发生于"我"不如别人时，也发生于"我"的优越性受到威胁时，譬如一个教授发现他的学生在学术水平上要超过他了。而这种"比较"，通常也是在与己相关的领域或事物上，比如说亲戚之间比谁家的房子大、谁家的孩子学习好等；而对于和自己无关、太过遥远、差距太大的人和事，则一般不太会比较，例如普通人不会想要和世界首富比财富，和选美冠军比相貌。

　　还有一个与嫉妒相近的词——嫉羡。

　　梅兰妮·克莱因在其经典之作《嫉羡与感恩》里，将嫉羡和嫉妒进行了区分。克莱因认为:"嫉羡是一种愤怒的感觉:另一个人拥有、享受某些所欲求的东西——嫉羡的冲动是要去夺走它或毁坏它。"

她还认为,嫉羡涉及的是"二元关系",可早至母婴之间的排他性关系;嫉妒以嫉羡为基础,但涉及的是"三元关系",俄狄浦斯情结中孩子—妈妈—爸爸之间的关系,就是三元关系。所以相对于嫉妒,嫉羡是一种更原始的情绪状态。

而不论是嫉羡还是嫉妒,里面都有愿望的受挫及激发的愤怒与攻击欲。羡慕、嫉妒、恨,是从羡慕中的倾慕、仰慕等偏积极的意涵,到嫉妒中的略有变质,"酸葡萄心理"中的酸溜溜,再到恨得"牙痒痒",恨不得把你干掉的恨。

以上这些混合起来,就成了一种错综复杂的情绪:有点儿羡慕别人拥有"好东西",又因为自己没有而嫉妒,严重起来又恨不得把别人"灭"了,这样自己就"爽"了。

▲二元关系中的嫉羡与贪婪

之所以说嫉羡这个概念更原始,是因为它涉及主体强烈的"匮乏感",以及无法和外部客体建立满足与感恩关系的心理状态。

克莱因将其和贪婪联系在了一起,贪婪是一种贪得无厌的欲望感,怎么喂都喂不饱,怎么给都给不够,无底洞似的填不满。而嫉羡则是在不知足的情况下,一方面觉得母亲自身拥有的好东西（如"乳汁"）不给自己，想要抢过来满足自己；另一方面还有强烈的破坏和摧毁欲："你不给我，那你自己也别想有！"。

贪婪和嫉羡在成人的生活中，是如此普遍地存在着。人们极尽所能地压榨"大地母亲"，掠夺与占有资源，以满足人类无尽的欲望。喝尽乳汁、吸完鲜血、榨干骨髓，但仍不满足，还要为侵占"别人有而我没有，也不肯如我所愿地分给我"的资源而发动战争。

成人世界里的这些现象，很多都可以追溯至婴儿世界里的贪婪嫉羡，和原初客体关系体验里的匮乏不满。

乳房或乳汁除了作为婴儿的食物来源以外，更重要的心理意涵在于：有一个好东西在外面，它可以满足我的需要，还可以让我变得丰润而饱满；我因为它的赠予而感恩，又因为感恩而回馈。这是我们成年以后，好的客体关系的雏形。而这里的"乳汁"并不仅是乳汁，更包括孩子从妈妈眼中看到的散发着"爱"的光芒。

有的婴儿先天的"心理资本"相对薄弱，妈妈觉得"乳汁"都快被他吸干了，已经精疲力竭、无能为力了，但婴儿觉得"还没够"。这样的孩子先天的匮乏感较强，会需要一个有着"超级大乳房"的妈妈来喂养，才能"吃得饱"。还有可能和后天"不够好"的养育有关，当然，两者很多时候会交织在一起。

譬如说，单身妈妈独自带小孩儿，把孩子一个人放在摇篮里，自己去上班了，孩子醒了哭着闹着要奶吃，周围连个人也没有。或者，一个孩子早夭的母亲被雇来做奶妈，她一边喂奶，一边撕心裂肺地想着自己死去的孩子，那么孩子吸进来的乳汁，就变成了夹杂着绝望、愤怒、内疚等各种负面情绪的"毒汁"。

这种原初自体的不满足感，是嫉羡的原型。当然不仅是母婴二元关系时期，我们在成长的不同阶段都需要重要他人的镜映、肯定与滋养，就像是阳光和雨露，让我们得以像花一样盛放。

内心充盈了，就不需要用外物来填充了，但如果内心是匮乏的，就要永无止境地通过一些外在的东西，例如金钱、名声、地位等来填补内心的空洞，还可能怎么填都填不满。

与一个贫瘠的自体相对应的，往往是一个吝啬的"坏客体"。这个客体要么是有好东西但不肯给，要么是给的东西里都是带"毒素"的，要么就干脆没东西可给。不论是哪一种，在客体关系中的体验都是无法满足、得不到的。

我们常常会遇到这样一类人，他们总是满脸怨恨，感觉全世界都欠他们一样。你对他纵有99分的好，掏心掏肺，但他却永远盯着那一点不好。在心理咨询中，也往往遇到这样的情况：来访者一边拒绝咨询师的解释，一边抱怨咨询师给不了好的解释。

其实，这是一种对"连接"的攻击，对关系中爱与依赖的遏制，其结果就是没有形成"好"的依恋关系。因为你是"坏"的，所以我也不用感恩与回馈了。这种人对他人也往往是吝啬的，不论是在情感上还是在物质的赠予上。这也很好理解，当我们觉得"有"的时候，我们才能"给"；如果自己尚且是"无"，那如何给呢？

更有甚者，非但无法给予，还会把有毒的东西往外扔。

克莱因认为："针对乳房的嫉羡和破坏的态度，构成了破坏性批评的基础，后者通常被描述为'咬人的'和'有毒的'。"生活中并不乏这样的人，他们的评点和言论虽然是那么回事儿，但总让人觉得充满了来者不善的攻击意味。

这种攻击也可以理解为对"好乳房"的破坏，延展开来，就是对那些别人有但我们没有的东西的"羡慕嫉妒恨"，不同于贪婪地掠夺，这是嫉羡地毁灭，这是一种在别人的痛苦中寻求快乐的心理状态，让人们无法对别人所拥有或创造出来的"好东西"产生由衷的赞叹与欣赏。

嫉羡是一种对"好东西"的恨，既不让自己拥有，也不让别人拥有。

嫉羡的来源是早年匮乏的客体关系经验。因此，从嫉羡到感恩的心理成熟历程，意味着人要从相互挫败的客体关系模式修正到彼此满足的客体关系模式，这涉及人格最底层的改变，绝非易事。

▲三元关系里的竞争与嫉妒

在母婴的二元关系中，有两种模式：满足的与匮乏的。如果是前者，意味着孩子在最早期的依恋关系中得到了"足够好的母亲"的养育。而此时，母亲给予的爱对于孩子来说是"独占之爱"，自己是最好的、独一无二的。这种感觉当然很舒服、很美好，但不可能永恒，因为总有"第三者"会闯入。如果是后者，则在原本所得之爱贫瘠的基础上，又雪上加霜。

在俄狄浦斯情境中，随着父亲的闯入，母婴的二元关系就转变成了三元关系。因为孩子发现了父亲的闯入，克莱因认为这种转变可以早至婴儿4~6个月时期。

嫉妒，是在担心自己所拥有之物被他人抢走的情况下发生的。而这个"好东西"如果一个人之前就没拥有过，现在又眼巴巴地看到被送给了别人，那这种嫉妒之心又会混杂更原始的嫉羡之情。

当然，"父亲"只是一个象征，也可以是妈妈又给自己生了弟弟或妹妹，或者发现，原来还有哥哥或姐姐。

法国纪录片《婴儿日记》（2007）里的小婴儿阿加特的姐姐是一个漂亮的小女孩儿，当她发现妹妹一点一点地将妈妈对她的爱以及自己的地盘侵蚀以后，她就开始嫉妒妹妹，并对妹妹展开了攻击。

但与之形成鲜明对照的，则是另一个小婴儿马克桑斯的哥哥和姐姐，他们似乎很喜欢这个新到来的小弟弟，很和谐地与他玩耍，伴他成长。

这就是"独占之爱"与"分享之爱"的区别，前文关于俄狄浦斯期的章节有特别谈到（见第一章第三节）。

前俄狄浦斯期母婴关系的品质，会影响到俄狄浦斯期孩子的各种情绪体验。克莱因指出："这种关系（母婴关系）如果得到很好的建立，孩子对于失去母亲的恐惧就不会那么强烈，而且也更乐于分享母爱，因此他也可以体验到更多来自竞争者的爱。"

这里面就涉及安全依恋的建立，需要 2 ~ 3 年的时间，孩子才能够把不会抛弃自己、爱自己的"好客体"内化进自己的心中，即便与妈妈短暂分离，或者被妈妈打了一顿，但内在的"好客体"仍然能够起到自我安抚的功能。

于是，当"竞争者"入侵时，孩子对于"妈妈不要自己"或不爱自己的恐惧就不会那么强，嫉妒之情也就不会那么剧烈。

与嫉羡将敌意和攻击指向提供爱的人不同，在嫉妒中，人往往会将矛头指向竞争者。就像《红楼梦》中的王熙凤，因为嫉妒尤二姐获得了自己丈夫的爱慕，就一定要把尤二姐整死才肯善罢甘休。因此，三元之爱不仅仅意味着分享所爱，也意味着"爱你的敌人"。

在"嫉妒"的情境中，人会有不同层次的自恋受损，也需要面对不同层面的人格成长。对于王熙凤这样一个无可撼动的"正室"来说，她在竞争关系中的优势地位仍然存在，只是从独享变成分享了。

对于一位母亲来说，儿子娶了新娘后，儿子心中"最重要的女人"的位置，就由自己变成儿子的新婚妻子了，在分享儿子的爱的同时，也要面对自己由主要变成次要带来的自尊受损。

再如，一个部门经理，在公司重组以后被降职为普通员工，而自己的下属反而担任经理了，原来有的东西现在都没有了，自恋的打击度可能就更大了。

谈到这里，就论及了"自尊"的议题。当我们说"非创伤性的挫折"的作用时，其实指的是通过挫折转化而来的成长以及自尊从脆弱到慢慢变得坚实的成长。

在婴幼儿期，孩子太娇嫩，不能让其经历太多挫折，否则就会有强烈匮乏感的嫉羡充斥于心。而若孩子觉得什么都有了，鼻子都要翘上天了，此时，家长则需要破一破孩子的狂妄与自大。

一方面，如克莱因所表达的意涵，当一个人的自体更充盈时，就更能与他人分享，并且"爱"他的敌人；另一方面，如果一个人太一帆风顺，永远都是要什么有什么的"无冕之王"，容不得别人比他好，也不愿与他人分享所得，那么他所拥有的东西则成了他鞭挞和伤害其他人的"武器"。

没有挫折，就没有边界，没有边界，就会带来无法无天的恣意妄为。只有在自恋受挫的痛苦内省中，一个人才能对自己有一个更清醒的认识，知道自己并不是想要什么就有什么，这个世界上还有他人，还有超越自己的人，也只有在这个时候，人才有可能挣脱自恋的牢笼，去尊重和欣赏他人。

谈嫉妒，也是在谈自尊建立的单一性。这类人因为容不得超越、容不得分享，只有自己是独一无二、无人能及时，才能保持良好的自我感，而这种心理状态是非常不自由的，因为其条件是不可能实现的。

只有当我们即便落败、屈就，仍然能够保持对于自我价值的肯定，并在百花齐放的繁茂景象中寻找到属于自己的位置，既能喜做牡丹，也能甘为雏菊，这才是一种更健康的自恋与更自由的生命状态。

《红楼梦》中，香菱面对夏金桂之于菱角也有香味的不屑时，曾回应道："不独菱角花，就连荷叶莲蓬，都是有一股清香的，但它那原不是花香可比……就连菱角、鸡头、苇叶、芦根得了风露，那一股清香，就令人心神爽快的。"

香菱的意思是：并不独有桂花香，也并不是独有"花"才会香，"天地有大美"，就连卑微如小草、叶子、根茎等，都自有其清香。有的浓烈，有的淡雅，只是与花香有所不同罢了，但每一种存在，都自有其意义。

这时，我想起我在过往的人生中所遇到的那些卑微而质朴的生命，他们位居社会底层，靠一门手艺勤勤恳恳地度日，只买得起最廉价的东西，但他们的踏实与自足、真实与鲜活，却深深地触动着我！

2

▲

4

无法控制的愤怒

愤怒是一种基本情绪，也是非常常见的负性情绪，最早在婴儿2～7个月出现。婴儿的生理需要未被满足、身体活动被限制时，都会引发受挫感和不适感，并产生愤怒。

愤怒通常是由愿望不能实现，或者行为受挫引发的紧张不快的情绪。愤怒的原初意义，在于激发人类的内在力量和动能来反击入侵者，或者用于主动出击。古老的"战斗或逃跑反应"，就是人们在遭遇威胁或挑战的应激源时，伴随着恐惧或愤怒的情绪出现的。

时至今日，人类也还不太容易面对被老虎吃掉的生死存亡的场景，而且对于由愤怒引发的攻击与搏斗，也会受到文化和道德的制约。因此，愤怒的功能和形式，也随之发生了转变。

敌意是愤怒、轻蔑与厌恶所混合的复杂情绪。通常愤怒引发攻击，轻蔑引发冷淡，厌恶则引发回避，在这几种情绪的交织下，愤怒被抑制，攻击行为转化为攻击意向。愤怒与敌意，也经常伴随着抑郁和焦虑的过程而发生。

例如，当配偶有外遇并要求离婚的时候，一方面自己会陷入被抛弃的、丧失的无望、羞耻中，另一方面又会非常愤怒和憎恨插足的第三者和曾经海誓山盟的配偶。再如，当我们打车去赶一个重要的会议，明明提前出门了，但还是堵在了没有尽头的车流中，我们在焦虑的同时也会愤怒不已。

弗洛伊德在他的驱力理论里，论及生本能（爱欲与生存的）与死本能（攻击与毁灭的），他自己也说这是对人类普遍存在的"爱"与"恨"的对立情感的理论阐述。

梅兰妮·克莱因继承了弗洛伊德的驱力理论，并谈到了婴儿哺乳期的经历中与母亲的乳房（部分客体）之间的关系。当婴儿被满足、被滋养的感觉更多，则乳房被体验为"好"乳房，并会激发婴儿爱与依附的渴望；而当未被满足、挫败的感觉更多，则乳房被体验为"坏"乳房，并会激发恨与破坏性的冲动。

海因兹·科胡特提及了自恋性暴怒，这是在一种非共情环境下产生的分解物，也是婴幼儿期夸大自体的病理性退化。

▲ "挫败的"客体关系模式

我们每个人的一生中都会遇到或大或小的挫折，适当的挫折能够促进心理结构的转化与成长，但过度的挫折则会形成创伤。

对于婴儿来说，他们自我满足的能力非常低，对于挫折的承受力也非常低。

饿的时候没奶吃，怕的时候没人抱，想要活动被制止等这些在成人看来不值一提的小事，对于婴儿来说都可能是关乎生死存亡的大事，是大到不能承受的挫折，是引发婴儿愤怒与恨意的源泉。

对此，克莱因从婴儿的内外两个维度进行了阐释。

从婴儿的内在看，其先天的爱与恨的驱力，尤其是死本能所诱发的被灭绝的恐惧，会导致被迫害的焦虑。她描述的婴儿是接近于先天恐惧性和易激惹性较高的那种婴儿，他们比较难以满足、容易受挫，容易将内部体验到的挫折与不适都投射到外部（例如"坏乳房"），并进行报复与攻击，比如偏矛盾型依恋的婴儿，各种"作"，怎么都管不好。

而从外部养育的角度来看，"好的"喂养，譬如母亲通过丰润的乳汁、拥抱、笑容等及时回应和照顾孩子，让他体验到满足与爱，这些都有助于降低孩子被吞噬与被迫害的焦虑，并增加其对"好客体"的信任感。

所以从客体关系的角度来看，母亲在喂养孩子时所做的最平凡但又意义深远的事情就是，通过对于孩子基本需求的满足，在他们的内心构建一个值得信任的、可以依恋的"好"客体的心理意象。

与"好"客体相对应的是"好"自体：我是被爱的，可以自由表达并自洽的。这些积极的心理表征及情绪体验，会一点点构筑到孩子的人格中，成为他们应对挫折的"缓冲剂"，也会帮助他们凝聚自我力量，更有能力去迎接挑战。

但如果婴儿在他们最脆弱的时候，遭遇到淹没性的挫折体验，那么依据原初经验构筑起来的自体就是匮乏的、得不到满足的，相应的客体则是迫害性的、贫瘠的、无情的、自私自利的，与之相随的情绪体验是愤怒的。

这种糟糕的客体关系经验会灼刻进婴儿的人格中，在此后各种相关的情境中都会被反复地唤起。

其实，受挫的客体关系模式之所以会出现强迫性重复，是因为比较低的受挫感唤起阈值。

一方面，如果婴儿先天易激惹，那么对其他婴儿不构成挫败的体验对于这个孩子来说就不适了，但如果父母能够理解孩子的先天气质，让自己的节律尽可能地贴合孩子，那么就有可能帮助孩子提升抗挫力，反之，则可能维持或恶化现状。

另一方面，即便婴儿天生习性稳定，但如果早年养育不当，让其承受了过大的压力与挫折，也会导致其面对挫折时的脆弱性和易感性。

当然，母婴期只是愤怒最原初的阶段。

此后，当孩子学习走路等各种新技能时，他们会面对能力达不到期待所导致的愤怒；在孩子慢慢社会化的过程中，他们会面对主观愿望被道德规则限制所产生的愤怒；当孩子进入学校生活时，他们会面对学业、人际关系、体能等方面的竞争落败而产生的愤怒……

当愤怒及敌意被激起时，不同的人会有不同的应对方式。在前面提到的法国纪录片《婴儿日记》里，有个叫亚历克西的小男孩儿，当他在草地上走的时候，被割草机绊倒了，愤怒的亚历克西对割草机又踢又踹，直到把它踢翻，才心满意足地离开了。

对于让我们感到挫败的人或事，我们的本能反应总是发动攻势、移除阻碍，但很多时候并不能如愿。例如我们无力反驳老板，便回家把气撒在了自家的狗身上。或者，担心向外的攻击力会毁了对方，或者对方的反击力会灭了自己，而将愤怒转向自身。

相较于处理我们的愤怒，提升应对挫折的能力更为重要，因为抗挫折能力的提高意味着愤怒不再那么容易被唤起。在孩子的各方面需求大体得到满足的母婴期，逐渐增加其可以应付的挫折，能帮助其增加对挫折的耐受力，还能将"攻击驱力"释放并转化为自我实现的力量。

就像内观禅修中所论及的"平等心"，就是不论我们在经历实现愿望的"好事"，还是愿望受挫的"坏事"，我们都能不执不避、平等待之，我们的生命将会达到一个更自由的境地！

▲夸大性自体与自恋性暴怒

弗洛伊德将性与攻击驱力视为原发的本能驱力，而科胡特认为它们是在父母回应不当的情况下自体瓦解的副产品，是次发的。

科胡特在论及挫折与愤怒时，重点关注了个体自恋受到伤害时所爆发出的愤怒。比如，一个人在饭店请客吃饭，因为饭店生意太好了，服务员照应不过来，菜上得也有点儿慢。吃饭的人觉得没什么，但请客的却觉得被怠慢了，因为这让自己在朋友面前大失颜面，通俗来说，这就是觉得"丢面子"而带来的愤怒。

自恋，顾名思义，就是自己爱自己。适度的自爱、稳固的自体，对我们每个人来说都很重要，它就像是应对挫折的"调节剂"，可以让我们在面对不如意的外部环境时，仍然能够保持良好的自我感，而不至于崩塌掉。

比如，器重自己的领导被调走了，而新领导并不赏识自己，把自己换到了一个不重要的岗位。这对一个有着现实自尊的人来说，虽然心里不爽，但他更多地会认为这是"一朝天子一朝臣"，外部环境所致，不至于全公司人都会耻笑自己；但是对一个有着脆弱自尊的人来说，可能会觉得丢人丢到家了，心里承受不了这个挫折，整个人被彻底"击碎"了。

科胡特在论及自恋的发展路径时，谈到了一些非常重要的议题，我们也可以结合温尼科特的理论来看。在一个良好的养育环境下，孩子在妈妈的眼睛里看到了"完美"的自己，并且得到了及时的回应与满足，而妈妈也像一个全知全能者，给孩子任何他需要的东西。此时，完美的婴儿与完美的妈妈完美融合，婴儿处于一种原发自恋的幸福状态中。

但这种情况不可能永远持续下去，父母总有照料不周的地方。比如，妈妈休完产假要去上班了，改由爸爸或其他人来照顾宝宝。于是，孩子觉得哪儿都不舒服，抱得太紧了、晃动幅度太大了、乳房怎么变成奶嘴了……这些体验对于婴儿来说都是挫折，于是就哭闹起来。

其实，重要的不是不让婴儿经历挫折，而是如何在理解和安抚孩子情绪的前提下，在母婴逐步分离的过程中，让孩子慢慢适应这种虽有些不同但仍然可靠的父亲或其他人的养育。科胡特用"恰到好处的挫折"来描述这一过程，从意涵上来讲其实指的是"非创伤性的挫折"，这对于自体的发展是至关重要的。

因为对于婴儿来说，在完全满足而不经历任何挫折的状况下，所体验到的自体就是可以主观全能地掌控一切，只要一哭，自己想要的所有东西都会得到；而客体就像哆啦A梦，可以超越现实横行于梦幻般的全能世界里。

但我们总要走向现实，去面对现实的局限性与自身的无力感。所以，婴儿需要慢慢学会原来哭也有不管用的时候，自己得去适应新的环境；原来妈妈也不是"女超人"，可以永远满足自己的需求。这时，婴儿的全能自恋就被打破了。

当婴儿的全能自恋被打破时，必然会引发他的愤怒，这是孩子成长过程中的必经阶段。如何帮助孩子管理愤怒，是管教过程中的一个重要的课题。但只有经历幻想与现实的碰撞，经过"非创伤性的挫折"，被夸大的自体才能够距离"真实"更近一些，同时，也因"打击"而变得更结实一些。

在成长的过程中，挫折太多或太少，都会影响到自恋的"稳态"。

在挫折过度的环境下长大的孩子，难以整合好孩提时或全或无的分裂性，夸大自体的全能幻想被保留了下来，当现实中所发生的事情并不能被自己全能控制时（这是经常会出现的），便暴怒了起来。

而在挫折太少的情况下，孩子很容易被宠坏，就像是独生子女时代的小皇帝、小公主，夸大的全能感爆棚，但又没有发展出实际的能力作为支撑，一碰到"现实的风雨"便凋零了。

说到这里，我们就会发现：当我们在谈论对愤怒的控制和管理时，我们本质上是在谈论抗挫力。而提升抗挫力的关键，是提供这样的环境——顾及孩子先天气质前提下的后天养育中一种抱持的环境。

孩子越脆弱，越需要母性的镜映、肯定、满足与鼓励，让孩子得以滋养，从而变得丰润。而当孩子生发出一些力量时，就开始需要父性的规则与引领，让孩子经受必要的压力与挫折，从而变得更加坚强。

当然，实际的养育过程大多是在母性的抱持与父性的节制之间来回流动的，是很难做到尽善尽美的。

2

▲

5

情绪的狂暴与情感的隔离

"就像是……站在星球之外,看着这个世界的芸芸众生。"

珠珠微微闭起了眼睛,向我描述着她自己的体验:"无法进入生活,即便在最热闹的人群中,都感觉自己被一个玻璃罩子给罩住了,总是,隔着点儿什么……"

我点了点头。

"我想去感受别人的感受,我希望自己对他人能够有一些温情和爱,但很多时候,我只是用道德法则里的'应该'去对待别人,但很难产生那股发自肺腑的情感。"

珠珠的表情里,有一丝悲哀。

"我有次碰见个同类。"

珠珠突然睁开了眼:"他喜欢打篮球,他说,他打球时就像是戴着一个厚厚的手套在拍着球,每当跟对手的身体碰撞上了,也觉得木木的……我倒没有觉得木,就是觉得触碰起来会有电击的感觉，让我心惊肉跳，似乎如果有一层玻璃会安全很多。

"但有的时候，又感觉自己被情绪给淹没掉了。似乎一丁点儿的小事都会让我情绪混乱，陷在里面老半天都拔不出来，也没办法思考，没办法集中注意力，没有办法去做其他的事情了。"

"譬如说呢？"我问。

"就拿昨天来说，我在平台上打车，然后我一边穿鞋子出门，一边等司机接单。我都已经坐电梯到楼下了，才发现接单的司机要从一个很远的地方赶过来，于是我噌地一下火就冒上来了，我心想你没长眼睛呀！大老远抢什么单呀！还要我来等你！后来我在小区门口等的时候，看着周围一辆辆的空车从我面前经过，一边愤怒，一边又担心如果我取消了，会不会在平台上得个差评，就没司机愿意接我的单了。在我东张西望的时候，我发现来的车和我在平台上看到的出租车公司和车牌号都不一样，然后我就开始担心，这是不是一辆'克隆车'，我坐上去会不会有危险？但我又害怕如果拒乘的话，司机会不会恼羞成怒。所以，等我上车后，我一边密切注意司机的行车路线，一边在网上预估打车费用，避免被宰……总之，我这一路都没放松过，下车前还跟司机吵了一架，觉得他故意绕了个弯儿。"

一口气说完以后，珠珠似乎终于放松下来了，瘫坐在沙发椅上。过了一会儿，她又开始不安了起来："你用过这个打车软件吗？我昨天给了司机一个差评，司机会不会知道是我干的？万一他也给我一个差评，那该怎么办？"

▲在情绪的狂暴里

狂暴，不仅是一种拥有痛苦体验的情绪类型，也意味着在同等刺激水平下较高的情绪唤起度，这些情绪体验既可以是消极的，也可以是积极的。

我们在第一篇中谈到，在孩子成长的过程中，主要照料者作为孩子"情绪稳定剂"的重要性。因为孩子十分弱小，他们无力应对超出自身承受能力的挫折，需要大人的保护，并帮助他们"长出"属于自己的"定海神针"。

让我们从最脆弱的婴儿期谈起。

首先，照料者需要做一个"环境母亲"（Winnicott, 1963），提供一种可靠性，帮助婴儿将外部环境中不可预测的因素阻挡住，并能够提供积极的照护。这是一种物理性的安全与满足，不热不冷、吃饱喝足、不会被伤害、尿布有人换、哭了有人抱……

其次，在照护的过程中，照料者需要与婴儿的情感同步并适当回应。

有个让人印象深刻的短片叫《Still Face Experiment》（面无表情实验），实验对象是一位母亲和她一岁左右的儿子。实验开始阶段，母婴情绪同步，婴儿表情丰富且愉悦。但是，当母亲不再对儿子做出回应时，也就是婴儿笑的时候，母亲不再跟着他笑；婴儿手指向前方的时候，母亲也没有丝毫反应；婴儿伸出双手召唤母亲时，母亲也完全没有回应……很快，婴儿就开始尖叫、咬手，并哭闹了起来。而当母亲重新和孩子情感互动起来后，婴儿很快又恢复正常，破涕为笑了。

因此，当孩子情绪激惹的时候，照料者要能够将其安抚下来，而不是激化情绪。

科胡特在《自体的重建》（1978）中曾经论及两种不同的情境：

第一种是孩子焦虑的讯号被母亲捕捉到，并及时采取行动（譬如给孩子喂食、换尿布等）满足孩子的需求，帮助孩子降低焦虑，恢复平静状态。

当然，随着孩子的长大，导致其情绪波动的情境会越来越多样，但总的来讲，这种反复的过程会帮助孩子建立自我安抚的能力，并成为其成年后心理健康重要的基石。

第二种是母亲对孩子的激烈情绪没有回应或过度回应，这会导致孩子原本轻微的焦虑不断地扩散成巨大的恐慌。

譬如，孩子本来只感受到了轻微的痛苦，但没有得到共情，逐渐变得苦上加苦；或者，孩子轻微的不安激发了母亲巨大的不安，然后孩子吸收了母亲的不安，演化出更大的不安。这可能会导致两种情况：孩子被卷入淹没性的情绪体验中，或者孩子为了避免被卷入而疏远养育者。

更有甚者，有些养育者本身就是孩子混乱情绪的制造者。比如他们会吓唬孩子：再不听话，妈妈就不要你了！再哭，就让警察叔叔把你抓走！不好好念书，长大就要捡垃圾了……或者孩子因为没有满足家长的要求，而受到各种言语、躯体的惩罚等，这都是通过放大和扩散情绪的方式来解决问题。而这些"被感染"的情绪，会在孩子成年后遇到相应的"触点"时被引爆。

美国心理学家、行为主义创始人约翰·华生（John Watson）曾经做过一个在伦理上被诟病的"小艾尔伯特实验"。

实验对象是原本不害怕小白鼠的11个月大的小艾尔伯特，他在小艾尔伯特触摸小白鼠时，在其身后用铁锤敲击铁棒发出巨响，小艾尔伯特被吓得大哭。在经过数次这样的刺激配对以后，当小白鼠再次出现在孩子面前时，即便没有吓人的巨响，小艾尔伯特仍然表现出了恐惧和回避，并且这种恐惧泛化到了兔子、毛茸茸的狗、海豹皮大衣、圣诞老人卷卷的白色胡须等对象上。

在这个实验里，吓人的巨响是非条件刺激，感觉到惊吓和恐惧是非条件反应，这个过程是不需要学习的非条件反射（外界刺激与有机体之间的一种与生俱来的固定神经联系，不需要后天的训练就能引起有机体的反射性反应）。而小白鼠是中性刺激，它与非条件刺激一同出现，导致非条件反应。中性刺激与非条件刺激相伴出现多次后（对于极度敏感的有些人来说，可能一次就够了），中性刺激成为条件刺激，即便非条件刺激不再同时出现，原先的非条件反应也同样出现，此时成为条件反应，这一刺激和反应的关系，被称为条件反射。

就像上面实验的结果，可爱的小白鼠成了可怕之物，并且更可怕的是，还泛化到了相似的物体上。泛化的程度越广，被激活的恐惧就越多。

由此，我们也就不难理解有些人成年以后出现的情绪狂暴，这都是那些泛化了的条件刺激，激活了早年的混乱情绪导致的。每个人的刺激点不一样，稳定程度也不一样，所以在面对同一情境时，反应也会各不相同。

就拿本节一开始的珠珠打车事件来说，似乎她情绪的引爆点比较低，而混乱度比较高。譬如司机晚到一会儿，从现实的角度来说没多大影响，又不是要等一两个小时，但这却激起了她的挫败感和愤怒。

我们在愤怒的章节谈到过挫折的议题，可以想象，她早年的养育可能会有较多没有被即时满足的经历，譬如饿了半天母亲也没来，那是非条件刺激，被激惹的愤怒、痛苦与不满是非条件反应。而司机没有马上赶到是条件刺激，激发了她曾经未被即刻满足所产生的各种情绪。

而当她发现实际的出租车与平台上的不统一时，就触发了她较低的安全感的阈值，从而产生了恐惧。当然，人的安全感有高有低，自我保护无可厚非。可能有的人和司机核实一下就上车了，有的人拒乘并向平台投诉了，但珠珠对于保护自己的安全、争取自己的权利却有着非常强烈的恐惧与不安，担心自己受到伤害、担心自己被评价为"不好"，以至于压抑自我并接受安排，但内在的焦虑还在继续作祟……

▲在情感的隔离中

与情绪的狂暴相对立的，则是情感的隔离。但情感隔离并不意味着没有情感，也不意味着平静如水，只是心底激荡着的情绪体验实在是太剧烈、太难以承受了，以至于需要用一道很厚的"墙"才能够将它们防御住。但问题在于，情感隔离虽然将痛苦的情绪隔离掉了，但也隔离掉了人和人之间真情实感的流动。

当我们在说心理机制中的"防御"时，我们通常是在谈面对痛苦情绪体验时的自我保护。当痛苦太多，保护也太多时，层峦叠嶂、交错制衡，自己真实的情感已然迷失。

一种"够好状态"下的成长，是孩子自发的身体动能和心理能量被允许"自由地表达"。譬如最早阶段婴儿的啼哭、咬妈妈的乳头、扯妈妈的头发等"攻击性"行为是无好无坏的，只是内在状态的真实表达。

作为客体，母亲要能够被婴儿"使用"并"存活"下来。同时，环境母亲也要将外界可能的伤害隔绝在婴儿的自体之外，并提供恰当的照护。慢慢地，一种被称为"界膜"的心理存在便会内化到婴儿心里，这就像是婴儿的"心理皮肤"，将自体与客体进行区隔。

也就是说，孩子首先要建立属于自己的"主体感"，当然，这是一个从简单到复杂循环往复的发展进程。然后再去慢慢适应外部的规则和要求，体会他人的感觉和想法，与他人以及这个世界建立起"有情有义"的关系来。

如果最早年的养育是"侵蚀性"的，吃喝拉撒、身体安全等最基本的需要得不到满足，情感依附、抱持镜映等心理需求的供给也不足，甚至还经历了创伤性的损害，那么，孩子的"真自体"便没有一个安全的空间和滋养的环境去成长，从而面临发展停滞，抑或导致自体感和他体感混淆，搞不清楚谁是我、我是谁。

与此同时，他们需要过早地适应外部环境的要求，譬如说，因为哭闹而让照料者感到厌烦和有负担，在表达自己需要和感觉的恐惧不安下，变成一个顺从听话的小孩儿；或者成长过程中的朝夕相处，感染到母亲弥散性的焦虑，而变成一个焦虑的小孩儿，但只是吃进去了母亲这个"异化客体"的特质，成了以为是我的"非我存在"；抑或父母关系恶劣，孩子背负了太多原本不该自己负担的"情绪之苦"。

这些痛苦会在成年以后的相似情境中被一次次地唤起，而为了应对超负荷的情绪，在有了足够的自我功能以后，通常会通过压抑和隔离的方式将痛苦的情绪隔绝到体验之外。

于是，这个"我"便大体分成了三个层次：最内层的"真自体"是稚嫩虚弱的，其真实的情感体验、需要等并未得到充分的发展；中间层包裹着大量异化了的、容易被激惹的各种混乱情绪，就像前文案例中珠珠的愤怒、不安、恐惧等情绪；如果这些情绪随时都会被剧烈地唤起，那是非常痛苦的，所以"我"往往会在最外层以情感隔离的方式将内层的自我屏蔽，所以表现出的最外层的自我，是一种虚假的自我。

当然，实际的个体并不会这么泾渭分明地分成三个层次，每个人成长和修复的潜力各不相同，早年的创伤并非就是一辈子的痛。但就珠珠而言，无法真实地与他人建立人际关系的痛苦，内心确实存在着的无法言说、无处安放的混乱情绪，都被囚禁在了潜意识的牢笼里！

所以，从成长的角度来说，需要打开内心的"玻璃幕墙"（防御），将这些负面情绪释放出来。就像珠珠打车时经历的负面情绪，未被即刻满足的愤怒、担心被伤害的恐惧、担心得到差评的不安……

这些都是在她成长的过程中真实存在过的但她又无力处理的痛苦情绪，它们在形成了条件反射以后，灼刻进了她的人格中。当相似的情境出现，这些旧伤就被不断地唤起，让她持续遭受痛苦。而这些被重新唤起的创伤体验，又变成了另一堵"幕墙"，隔绝了当下的真实，让珠珠一直活在过去的阴影里。

要被释放的情绪，包含那些不属于自己，但被强加在自己头上的情绪，以及属于自己，但被过分夸大或者未被允许充分表达和发展的情绪。例如，没有被好好照顾产生的愤怒，想要去靠近和依恋他人的柔情，对于自己的边界被侵犯所产生的怨恨，以及可能需要去重新找回的迷失了的自我感。

只有慢慢地寻找和触碰到"真自体"，一个人才有可能获得内外一致的真实感，一种"我是"（I AM）的感觉，"拥有"属于

自己的情绪体验，而不是被"非我"的情绪所占据，被迫游离于
真实生活之外。

　　这不是一条容易走的道路，但却是通向内心自由的终极道路。

第三章

爱的能力：如何正常地爱人和被爱

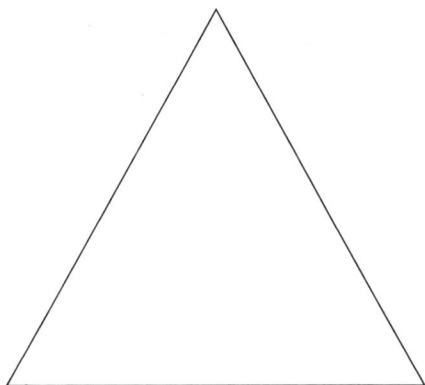

爱情，是人类永恒的主题；亲密关系，是我们一生的守望。生命前三年的依恋关系，如何构筑成年后的亲密关系；早年养育关系中的创伤经历，如何在成年后爱的旅程中被再度唤起；成长不同发展阶段的未解决的冲突，如何在家庭关系的不同维度再次爆发……

内在客体关系模式，构筑外在人际关系风格。

我们早年与重要客体在反反复复的互动过程中所构筑的自体表象、客体表象，彼此之间的情绪体验和行为模式，会镌刻在我们的内心，并构成我们人格的重要组成部分。而这些内在的影像又会投射到外部世界中，并与他人形成联结。这些模式越歪曲，越适应不良，人际间的痛苦程度就越高，尤其表现在亲密关系中！

3

▲

1

你是真的独立，还是无法走进亲密关系

Lynn是一个风一样的女子，个性独立的她，大学毕业后就进入了一家著名的快速消费品公司做市场助理，因为工作表现出色，年纪轻轻就做到了品牌经理。几年后，她不满足于这种一眼望得到头的日子，便出国读研去了。留学期间，在欧洲的小镇，她迷上了独具风味的手冲咖啡，便决定回国后开创属于自己的事业。

Lynn的店面不大，藏在一片欧式建筑的转角处，一不留神，可能就会错过。Lynn主要做熟客生意，因着她的咖啡品质上乘，再加上她为人爽快大气，一边冲着咖啡，一边和客人天南海北地聊起各种话题，不同的咖啡便也加上了不同的风味。长此以往，口口相传，小店一直都维持着不错的生意。

Lynn对自己的生活总体满意，可以做自己喜欢的事，也能靠它养活自己，不用阿谀奉承，也不用卷入自己不喜欢的人际关系。只是每当客人们问起她的爱人、咖啡店的"老板"在哪儿时，Lynn的脸上便开始窘迫起来。

Lynn不是没有谈过恋爱，她也曾经有过深爱的男人，可是那段经历对她来说是一段痴迷与恐惧交织的暴风骤雨般的体验，在关系中她的自我似乎完全被吞噬，一点点的风吹草动，都会让自己陷入一种崩塌瓦解的、即将被抛弃的灾难体验中。Lynn终于不堪重负，决绝地结束了那段关系。在后来的日子里，她也有过几段或长或短的恋爱关系，但都不敢深入，最后也就不了了之了。

只需回顾一下Lynn的童年，我们就很容易发现问题的根源。

Lynn出生以后，母亲没有奶水，而奶奶坚持母乳喂养。于是在满月后，Lynn便被送到了奶妈家。偏偏这个奶妈非常不负责任，经常在喂完奶以后就跑出去打麻将，留下她一个人在房间里哭得撕心裂肺也没人回应。父母去看她的时候，经常隔着窗子就能听到她的哭声，门又锁着，干着急也进不去。父母实在受不了，9个月能断奶以后，就给她换了个保姆。可这个保姆年龄太大，好几次都任由她从床上摔了下去。再后来，她又辗转于外公外婆、爷爷奶奶家，直到开始上小学时，才回到忙碌的父母身边。

▲亲密源于生命最原初的依恋

美国心理学家哈里·哈洛（Harry F. Harlow）和他的同事曾经做过一个恒河猴实验：将新生的小猴子和妈妈及同类隔离开，放在铁笼子里面饲养。笼子里面放一个有奶瓶的铁丝猴妈妈和一个没有奶瓶的绒布猴妈妈。

实验发现，只有当小猴子饿的时候，它才会跑去铁丝猴妈妈那里，而喝完奶以后，它就会依偎在绒布猴妈妈身上，而如果把绒布猴妈妈拿走的话，小猴子就会发脾气。也就是说，对小猴子而言，虽然吃饱喝足是生存的第一要义，但基本需求满足以后，更重要的则是爱与依恋的需要。

除此以外，哈洛的实验进一步表明，这些与真实的母猴分开的小猴子，成年以后性格极其孤僻，甚至性成熟以后都不能进行交配。后来哈洛对实验进行了改进，为小猴子制作了一个可以摇摆的绒布猴妈妈，并且确保这些小猴子每天有一定的时间和自己的同类生活在一起，这样哺育大的猴子成年后性格基本正常了。

也就是说，在养育的过程中，真实的拥抱、抚摸、互动、回应，对于小猴子正常的心理发育至关重要。虽然这个实验对象是猴子，但是很多的心理学家认为，其结论对于人类的婴儿也同样适用。

我们在前文谈到过约翰·鲍比的依恋理论，他的重要合作者玛丽·安斯沃斯通过陌生情境试验，界定出了亲子关系中三种主要的依恋类型：安全型依恋、不安全回避型依恋和不安全矛盾型依恋。

安斯沃斯的学生玛丽·梅恩将鲍比的"内部工作模型"概念化，并通过"成人依恋访谈"（AAI）得到了两个重大发现：一是婴儿在1岁时的依恋行为与5年以后的内心世界表征有相关性；

二是依恋模式的代际传递。梅恩的贡献影响了后继的研究者对于青春后期及后续发展依恋类型的探索。

美国心理学家巴塞洛缪（Bartholomew）提出了成人的四种依恋类型：安全型、痴迷型、疏离型和恐惧型。这与儿童的依恋类型有一定的对应关系。

成人安全型依恋和儿童安全型依恋相同；成人痴迷型依恋对应儿童不安全矛盾型依恋，过分依赖亲密关系，害怕被抛弃或不被爱；成人疏离型依恋对应儿童不安全回避型依恋，回避亲密，自力更生；成人恐惧型依恋则介于痴迷型和疏离型之间，渴望亲密，但害怕在亲密关系中受伤害，因而很难依赖他人。

总的来说，生命最初几年所建立的依恋风格会影响到成年以后的人际关系，尤其是亲密关系。其原因要从"内部工作模型"，或者"内部客体关系模式"谈起。

我们在第一章中谈到，早年依恋关系对一个人内部客体关系模式的建立有重大影响。而母婴关系，正是我们生命里最早的亲密关系体验，那是一种肌肤零距离的触碰，这种亲密度只有成年以后的亲密关系能与之相提并论。

在这最早的依恋关系里，婴儿全身心依赖的这个对象（客体），是否能够稳定地爱自己、不抛弃自己，自己的需要能否被看见、被回应以及被抱持，对于其能否建立良好的自体表象（我是好的、被爱的）与客体表象（对方是爱我的、稳定存在的）、拥有良好信任感和满意度的关系，以及良好的互动模式，是至关重要的。

如果在孩子最初的母婴关系中，尤其是最初的两到三年，母亲作为孩子主要的照料者，能够稳定地陪伴在孩子身边，提供积极的回应与照顾，就相对更容易培养出一个有安全型依恋的孩子。这样的孩子长大以后，当遇到合适的对象，能够在情感上信任和靠近他人，安心地依赖，不会太多地担忧被抛弃和不被爱。

而生命最初的分离经验，包括近亲的死亡、父母的离异、不停地更换照料者，以及缺乏情感互动的不负责任的养育等，在与孩子先天气质的作用下，则很容易导致不安全型依恋，有的偏回避型，有的偏矛盾型。

这是一种对于自己是否会被爱或被抛弃的最原初的恐惧，如果这种恐惧太过强烈，并且没能够在后续的成长中得到修复，那么在成年以后进入亲密关系时，最早期依恋关系中的痛苦体验就会被再度唤起。

谈到婴儿依恋模式的建立，为什么前两三年很重要呢？让·皮亚杰的研究发现，对于8个月以前的婴儿来说，消失的物体就意味着不再存在，也就是说妈妈在身边就是有的，妈妈不在身边了就没有了，因为这个时候孩子还没有建立客体永久性。

8~18个月，婴儿对于客体的认识在逐渐提高，但是客体永久性的发展还不完善。直到18~24个月的时候，孩子才能够对看不到的物体进行心理表征，并用这些心理推理去寻找消失的物体，也就是说，从这个时候开始，他们已经能够理解客体的永久性了。

从客体关系的角度来说，婴儿对于被投注强烈情感的人（客体）建立起稳定的内在形象（也就是说，即便客体不在身边，但"好客体"仍然能够留在内心并安抚自我），比理解消失了的物体仍然存在要难得多，并需要耗费更长的时间。但后者又是前者的先决条件。

对于一两岁之前的孩子来说，他们无法理解"妈妈"不在身边或者经常更换并不代表妈妈"死了"或者不要自己了，而是可能有其他原因。他们所体验到的就是一种断裂的死亡感，以及被抛弃的恐惧感。

这个在 Lynn 的身上有非常明显的表现。对 Lynn 来说，当她在人际关系，尤其是亲密关系中体验到他人一点点的冷落或者不耐烦时，她的内心就会产生强烈的崩塌感，一种被遗弃、不被爱的感觉，以及对方可能会死亡或者不复存在的"客体无常"感。这是她在自己早期生命里的真实体验，而这种体验被固化以后，则成了阻碍她成年以后走进亲密关系的非常大的障碍。

▲独立与"假性"独立

从婴儿降临人世、剪断脐带的那一刻起，身体上就完成了和母亲的分离，但心理上的分离还远未完成。

玛格丽特·马勒对于婴儿的"分离—个体化"过程进行了大

量的观察与研究，并划分了其发展的不同阶段。在刚出生的3～4个月里，婴儿处于正常的自闭和共生期，和母亲建立起一种特定的共生关系。如果这种共生关系是恰当的、健康的，也就是说养育者给婴儿提供了一个稳定的、满足的养育环境，那么婴儿就会获得身心的平衡，并产生原始的分离，进入到分离—个体化阶段。

分离个体化阶段，从婴儿4个月开始，持续到2岁左右。在这一阶段，孩子的身体自我开始分化与发展，并且开始学会走路、学习语言、探索世界，并克服分离的冲突。

2～3岁的年龄段，则是巩固分离个体化，并建立起情感客体恒定感的阶段。也就是说，"好妈妈"已经内化到婴儿的心中，并能给予他足够的力量和安全感去探索外部世界。

以上是正常的分离个体化过程，但如果早年的依恋不那么安全，就像Lynn所经历的那样呢？

不论是儿童还是成人依恋，都有一个类型叫"回避型"，回避型是一种过于独立、过于自给自足的人际模式。但回避并不意味着真的不需要亲密关系，而是对于主动依恋中受伤体验的回避。

回避有一定的先天气质因素，卡根及其同事进行过一项"行为抑制性"气质特征的追踪研究，发现面对陌生的人或事的退缩倾向是一种较稳定的特征，可能有深层的生理基础，卡根亦在迟缓型气质和回避型依恋之间找到其关联性。从后天养育的角度来说，安斯沃斯等人的研究尤其显示出，母亲在面对孩子依恋需求时的拒绝、厌恶、退缩及缺乏回应，容易导致孩子发展成回避型依恋。

所以说，回避型依恋是先天后天交织而成的。只是如果婴儿的天生气质本身敏感、退缩、抑制，再加上养育过程中的依恋需求没有得到积极的回应，甚至是一种创伤性的痛苦体验，那么在他人"靠不住"的前提下，只能过早地独立，自我依赖。但就像陌生情境实验显示的，当和重要他人分离的时候，他们看上去无动于衷，然而他们的心率和那些呈现出痛苦情绪的安全型依恋的孩子一样，都是加快的，并且他们还呈现出更高的压力荷尔蒙水平。

由此可见，所谓的无动于衷、毫不在意、不需要他人，往往是为了避免依恋体验中太多的痛苦。人非草木，孰能无情，谁不渴望能与他人建立起爱的联系呢？

就像Lynn的依恋创伤，早至婴儿期（口欲期）一直延续到学龄前期（俄狄浦斯期）。照料者多次更换，不仅容易让人产生"没有人是靠得住的，只要我靠近谁，就会被谁抛弃"的恐惧，还容易产生那种丧失的断裂感。

婴儿期的叫天天不应、叫地地不灵的崩解性和湮灭性的恐惧，又会让她在成年后的亲密关系——这种接近母婴期"融合体验"的关系中再度被唤起，而不得不逃离，以保全自体的完整性。

这种独立从亲密关系的角度而言，是依恋不足的过早独立，是不得已而为之的"假性"独立，是无法走进亲密关系的茕茕孑立，是在缺乏安全依恋的情况下，从依赖到分离个体化很容易走上的一条发展道路。但这么说，并不代表依恋决定一切。

我自己特别认同科胡特所提出的"代偿结构",这是一个自我实现的过程,找到自己内在生命的源动力,用天分与技能支撑起理想与雄心,复建一个具有创造性意义的自体,以弥补因为创伤过重而无法矫正的原发性的自体缺陷,也就是前语言期的不安全体验。代偿结构不同于防御结构,"这是借着加强自体的一极来弥补另一极的脆弱",科胡特亦认为代偿结构的复建完成,可以作为结束治疗的标志。

这里其实要谈的是,如果是一个非常原始的依恋创伤,根深蒂固地烙在了人格最深处,譬如像Lynn这样,具有潜隐的精神病性湮灭焦虑,其修复工作将是一个漫漫征途,因为差不多要重建一个人了。这并不容易,也并不是每个人都能走完这段路。

有些创伤可能很难弥合,未必要像"闯进瓷器店里的公牛"去野蛮分析,刀刀见血的解释有时反而是另一种"杀戮"。每一个人都有其力所能及和力所不能及,精神分析并不是全能的,而是有着太多的"有所不能"!

为什么我们彼此相爱，却又彼此伤害

"你到底有完没完啊！我要做成什么样，你才能相信我呀？你整天在家太闲了是吧！"

当薇第 N 次质问明是不是和下属有染，逼着明将其开掉时，明实在忍无可忍，摔门而出。

薇和丈夫明是大学同学，明是学生会主席，薇是文艺部干事。每次开会的时候，明在台上妙语连珠，总会逗得坐在角落里的薇前仰后合。而明也注意到了一直默默关注着自己的薇，总觉得心底的某个部分被触动了。就这样，明主动发起了攻势，他们便顺理成章地走到了一起。

其实在恋爱的时候，他们就曾差点儿分手。高大帅气、热情开朗的明周围，总是不缺漂亮主动的女生，为此，薇没少跟明生气。薇觉得明心里压根儿就没有自己，而明总要费尽心思，才能让薇破涕为笑。

后来，毕业晚会上，明和一个女同学搭档主持被盛赞，薇便觉得大学结束了，他们的感情也该结束了。明为了表忠心，带着鲜花、戒指和乐队，在薇的宿舍前公开求婚，这事儿才算结束。

大学毕业后，薇跟着明去了另一个城市。薇在一家广告公司做文案，明则去了一家贸易公司。几年后，明便出来单干了。因为明的公司发展得越来越好，而薇又想备孕生孩子，明便主动提出让薇辞职，自己来养家。

可生活并没有想象中那般美好。明的工作越来越忙，回家越来越晚，薇的担心也变得越来越多。有一次，她和朋友在明的公司附近喝下午茶，想起他来，也没有打招呼，就提着咖啡点心去看他，结果撞上他和女助理谈笑风生，薇心中的隐痛又被激起。薇立马沉下了脸，二话不说，放下东西就走人，弄得明很是尴尬……

其实薇的不安全感从很小的时候就开始了。薇的妈妈就是一个异常焦虑的人，非常担心在照料薇的过程中出现什么闪失，所以对薇的一举一动都很敏感。因为不放心薇独自上下学，妈妈一直接送她到小学毕业，最后在薇的强烈抗议下，妈妈才没有继续。

不仅如此，妈妈对于薇和爸爸的亲近也表现出一种"嫉妒"，并觉得很受伤：自己这么尽心照顾女儿，女儿还要爸爸，不要自己。经常会发生的情况是，父女俩本来有说有笑，妈妈一进家门，他们就各自闪躲开，各忙各的事去了。

▲依恋模式也会代际传递

玛丽·梅恩在其"成人依恋访谈"的研究中发现：儿童与父母在"依恋方面的心理状态"，有显著的相关性。也就是说，父母的依恋模式会影响孩子的依恋模式，形成代际传递。

虽说人格的形成由先天气质和后天养育交织而成，但也有研究显示，在孩子出生前，根据母亲的依恋类型来预测孩子未来的依恋类型，其准确率可高达75%。

当我们在谈依恋类型的时候，其实也是在谈一个人的"内部客体关系模式"。一个安全型依恋的母亲，意味着内心存在着"好的"自体和客体表象，且自体和客体之间的关系是融洽舒适的。

对于这样的母亲，当孩子诞生以后，她会将其内心好的客体表象以及爱的感觉投注到婴儿身上，并且，即便孩子哭闹折腾，也不至于勾起她太多"坏的"自体和客体表象。譬如，"我作为妈妈（自体）太不称职了，连孩子都带不好"，或者"这个孩子（客体）太不让人省心了"等，而是能够稳定地"接住"孩子的情绪，不离不弃。

在这个过程中，妈妈这个"好客体"会逐渐被孩子内化为"好自体"；妈妈的"好自体"也被孩子吸收，而成为孩子心里的"好客体"；母婴关系中的互动模式和情绪体验也会被孩子吸收，并带到其未来对自己孩子的养育过程中。

而如果这是一个冷漠型的母亲，当孩子想要靠近依附的时候，母亲因忍受不了亲密而将孩子推开，或者不管不顾，那么孩子在生命中最早最重要的依恋关系中，建立起的亲密关系是淡漠而疏离的，因为客体（母亲）是拒绝性的，而自己（自体）是被拒绝的。慢慢地，这种客体关系模式也会内化到孩子心中，使孩子成了母亲的翻版。

又或者，这是一个痴迷型依恋的母亲，她特别想要紧密的关系，并需要在关系中确立自我的价值感，但总害怕被拒绝，于是，孩子眼中的自己和他人眼中的作为孩子母亲的自己是不是足够好，就变成了她的关注所在。她可能会过度照顾孩子，但在关系中又会充满不安，担心孩子离开自己，因而将其牢牢"抓住"。

此时，母亲会将心中"抛弃的和不爱自己的"客体，投射到孩子的身上，而将"被抛弃的和不被爱的"自体，留存在自己身上。有时也会反过来，母亲成了"抛弃者和惩罚者"，如果孩子不满足她的要求，她就不要他或者不爱他了。

所以"自体表象"和"客体表象"并不是固定不变的，而是可以翻转的。一个从小被严厉对待，而在人前唯唯诺诺的人，在他的孩子面前，也可能会变得像他父亲那样非常苛责。

孩子往往会将关系模式中的各个部分都吸纳进来。譬如说，当母亲担心自己做得不够好，孩子不爱自己时，孩子会"一致性"地体会到母亲"自体"中的恐惧与担心，并将其吸纳为自己"自体"的一部分，而在未来的人际关系中产生焦虑不安；或者孩子"互补性"地内摄了母亲心中糟糕"客体"的部分，对母亲呵斥、指责了起来，并在其他的人际关系中也变得很挑剔。

当然，这么表达是有简约化的嫌疑的。因为依恋所涉及的内涵其实是很丰富的，而人格的形成又是很错综复杂并且持续变动的。但总体来讲，父母内在的客体关系模式，对孩子客体关系模式的建立是有深远影响的。

就拿薇来说，她妈妈的依恋风格里就有"痴迷型"的特点，非常在意自己在别人心中的重要性，使得薇的母亲既无法将自己视为独立的个体，也无法将薇视为独立的个体，于是，她的妈妈反而需要在薇的眼睛里确认自己的存在。

常言道：女儿是父亲的小棉袄，父女的亲近是再正常不过的事情了，并且这也会成为女孩子未来和异性建立关系的第一个"模板"。但是薇的妈妈却容不得薇喜欢爸爸，因为这会激发她被抛弃、不被爱的痛苦，为了避免这些痛苦，她不允许薇和父亲靠近，并将其牢牢地抓在了自己的身边。

此时，薇的独立性丧失了，成了妈妈保持良好价值感的"辅助性自我"。不仅如此，薇还内摄了妈妈在亲密关系中对别人不爱自己的担心，并投射到了自己的亲密关系中，进而复制了妈妈的痛苦。

▲矛盾型依恋与痴迷型依恋

玛丽·梅恩的研究，呈现出了矛盾型依恋的儿童和痴迷型依恋的成人之间的联系，而这些儿童长大成人后，往往也会成为痴迷型依恋的成人。

《红楼梦》中的林黛玉就是一个这样的典型。不论是黛玉怀疑宝玉把自己给他做的荷包送给了别人，还是黛玉因宝玉去了宝钗那里而吃醋，抑或黛玉因听到宝钗、宝玉在屋内欢声笑语，独独把自己关在门外而伤心落泪，不理宝玉……不论宝玉对她怎么好，黛玉所体验到的，都是自己在宝玉的心中是没有价值和地位的，宝玉终究是更爱别人的，自己终究是要被抛弃的。而她采取的行为，要么是以泪洗面、哭个不停，要么就是和宝玉"作天作地"、恩断义绝，而宝玉永远只能赔小心、发毒誓、表忠心。

成人依恋类型其实从大类上来说，分为安全型和不安全型两类。

不安全型依恋里，又因担心被抛弃和不被爱，以及对亲密关系回避度的差异性而呈现出不同的样貌。相对而言，痴迷型依恋的成人是不回避亲密的，但他们对于自己在亲密关系中配偶会离开自己有着强烈的担忧。这样的人很容易因为担心分离，而想要将对方牢牢控制住。

那些随时关注配偶去向、想要从蛛丝马迹中搜查配偶出轨证据的多疑、善妒者，大体属于这一类。但他们为了避免自己被抛弃而采取的举动，却往往会让原本亲密的关系变得疏离。那么，这些困境背后的心理动力有哪些呢？

第一，情感客体恒久性未建立好。

我们在前面谈到，婴儿大约需要两到三年才能内化具有"稳定的爱"的客体表象，这样当客体不在身边时，也能够自我安抚。也就是说，客体恒久性建立好的人，在成年以后，即便伴侣因为忙于工作或者哪怕有异性的知己，也不会担心被抛弃而感到强烈的不安，会在关系中稳定地存在，这样也会让伴侣产生被信任、能够自由做自己的感觉，接着，这份信任和自由又会返回自身。这样，伴侣之间就建立起了互相支持、彼此滋养的正性的亲密关系。

而对于痴迷型依恋的成人来讲，他们在这部分存在匮乏。也就是说，只有当"爱"持续存在的时候，他们才能安心，外界稍有风吹草动，"缺"的那部分就会暴露出来，啃噬他们的心。

就像案例中的薇，当她觉得明没有全心全意、百分百地对待她时，被抛弃的忧虑便会被唤起，各种负性情绪、伤害关系的行为便随之产生。此时的薇，不再是一个独立成熟的女性，而是"退行"成了一个没有安全感的小女孩儿。明更像是一个"抱持的母亲"，要经常地跟她确认："宝宝别怕，妈妈不会离开你的，妈妈会一直爱你的。"

这种关系模式，从母亲和孩子的关系来讲，是没有问题的。孩子需要不断地确认妈妈稳定的存在和爱，慢慢才能建立起安全感，从而不害怕真实的分离。但如果小时候的安全感没有建立起来，这个成年人心中居住着的"受伤的小孩儿"，便会不合时宜地出来"呐喊"。

这里会有两种可能：一是亲密关系疗愈早年创伤。比如在明反反复复的确认下，薇的安全感终于建立起来了，他们从此以后"过上了幸福的生活"。二是薇的不安全感就像一个无底洞，最终耗竭了明对她的爱，而导致关系分崩离析。在这里，不安全感的程度和被唤起的程度成正比，不安全感越强，越小的刺激都会唤起剧烈的反应。也有可能，即使那份爱始终存在，但很难被内化到心中而得到确认。于是，即便坐拥金山，但仍觉贫穷。

第二，独立的自体尚未建立。

安全依恋意味着妈妈要将"孩子的自身"还给他。也就是说，妈妈对孩子的情绪共鸣、镜映、回应等，是基于孩子自己的主体性，而不是妈妈将她的自体"侵占"到了孩子的身上。

我们仍以薇和爸爸亲近来说，这是父女彼此情感连接需要的表达，如果妈妈能够理解并悦纳女儿自发的情感流露，那么这就是将薇的主体性还给了她。不仅如此，妈妈的接纳也能够让薇安心："即便我跟爸爸好，也不会影响妈妈对我的爱。"这也可以帮助薇安全地接纳明的其他人际关系，而不会有太多的焦虑不安。

但在薇实际的成长中，她的自主性被压制，妈妈的嫉妒心侵占了她。也就是说，薇没有从妈妈的自体中分化出来，而是部分地将自我"封锁住"，并套上了妈妈的"外衣"。妈妈的"未分化"传递到了薇的身上，于是薇也害怕自己因无价值而被抛弃，并且将自身的价值寄托在他人的态度中，当看到明在和除了自己以外的女性打交道时，从母亲那里接收的恐惧就会被唤起。

自体的分化与独立就是对自身"足够好"的确认。这对于亲密关系中的人而言，一方面有助于彼此建立"爱的流动"的关系；另一方面，即便在亲密关系中，随着各自成长的方向和速度不同，当彼此不再相爱时，也能够分离并重新开始，或者即便自己仍然爱对方，但对方不再爱自己了，也仍然能够保有对自身价值感的确认，而不至于自体崩塌。

真正意义上的亲密关系，是两个成熟个体之间的爱恋，而很多时候亲密关系的困境，则源自成人外表下藏着一个异形了的"受伤小孩儿"。

3

▲

3

亲密关系里的"强迫性重复"

"为什么我的每段关系发展到最后，都成了相似的模式呢？"

青一边心不在焉地啜了一口咖啡，一边若有所思地问我。但她似乎并没有想从我这里得到答案，就自顾自地说了下去。

"就拿我跟辉来说，起初是我先看上他的，我觉得这个人身上有一种泥土般的质朴，让我感觉特别踏实。他的不善言辞，也让我觉得拙得可爱。"青回想起了当初见到辉时的怦然心动，"可现在，这些优点都成了缺点。"

青刚刚和辉起了很大的冲突，缘于这次公司里的升职加薪又没轮到辉，青觉得老板太欺负人，"柿子尽捡软的捏"，便直接跑到公司和辉的领导理论，为辉打抱不平，闹得人尽皆知。而辉也是这几年来第一次朝她发了脾气，并扇了她一个耳光。青觉得委屈，便哭着吵着要分手。

青和辉原本是一家互联网公司的同事，青在财务部，辉在技术部。后来青觉得做财务太枯燥，正好有渠道可以拿到货源，便辞职去开了一家外贸服饰小店，几年下来，经营得有声有色，一年也有几十万的利润。而辉，则一直在同一个岗位上做到现在。

青和辉同居也有四五年了，辉原来还提过两人该去领个证、办个婚礼，青一直不置可否。而随着时间的推移，两个人的差距越来越大，青对辉的不满和抱怨也变得越来越多。青觉得辉不思进取、不善交际、得过且过，辉变得越来越退缩，也就不再提这件事儿了。每次青指责辉时，辉都沉默不语，只是偶尔反驳两句。辉觉得现在的生活没什么不好，日子嘛，能过就行！直到这次两人的冲突，青才突然反思，发现自己不知不觉中变成了她讨厌的妈妈的样子，而辉在她的心中则变成了她既可怜又可恨的父亲。

青是在父母的争吵中长大的，记忆最深的是母亲歇斯底里的叫喊，摔杯子砸碗声，而父亲则是埋首独坐、沉默不语。但不论妈妈怎么闹，爸爸始终承受着，很少还击。青看到爸爸这样，心里觉得很疼，但又很愤怒自己什么都做不了。青对妈妈很不满，因为她不仅冲爸爸发脾气，还动不动就拿自己开涮，觉得自己这也不好，那也不行。但当妈妈说"要不是为了你，我早就离婚了"时，青既担心妈妈的离开，又觉得妈妈的痛苦都是自己造成的。

▲亲密关系模式的内化与认同

是什么导致了我们渴望美好的亲密关系，但却不由自主地陷入了痛苦的"强迫性重复"中呢？

梅兰妮·克莱因谈到过母婴关系中的内射、投射，以及投射认同的过程如何构建了一个人内在的客体关系模式，并在外显的人际关系中重复。而精神分析师威廉·费尔贝恩（William R. D. Fairbairn）认为，儿童会对与早期照料者之间的互动方式产生强烈的依恋，并以此为核心来建立其日后的情绪生活。其中，受到的影响最为深远的，恐怕就是亲密关系了。

我们在前文中谈到了生命早期的依恋类型对于成年后亲密关系的影响。随着孩子性别意识的萌芽，他们在确立性别身份认同、探索两性差异的同时，也在探索如何与异性建立关系并相处，而最早期家庭关系中与父母相处的经历，以及父母的亲密关系模式，都会对他们产生非常深刻的影响。

记得以前看过一幅漫画：一个成长在暴力家庭中的女孩子，爸爸经常拿皮带打妈妈，妈妈哭天抢地，但就是无法从这个关系中挣脱。这是一种重复性的施虐受虐关系。女儿受不了，就离家出走了。她一边哭一边说："我绝对不会像妈妈那样委曲求全、忍气吞声地过一辈子。"

很多年以后，这个女儿也结婚生子，并且儿子也慢慢长大了。她没有像妈妈那样受苦，但却向攻击者（也就是她的父亲）认同，成了一个施暴者，并找了一个很懦弱的丈夫。她经常在家里用煎锅打老公，她老公也像她母亲一样哀号，但就是无法挣脱，而她的儿子也不堪忍受，离家出走了。

虽然我们说生活有其复杂性，不可能只是简单地重复，但从亲密关系模式代际传递的角度来看，一些成长在和睦家庭中的孩子，成年以后更容易建立起稳定和谐的亲密关系，而父母关系不佳的，孩子的亲密关系很多时候也会困难重重。

美国心理学家阿尔伯特·班杜拉（Albert Bandura）提出的社会学习理论，强调了观察、模仿或学习对一个人行为建立的影响。虽然其著名的波波玩偶实验，是针对儿童的攻击行为建立的，但我们也可将其迁移到儿童其他行为模式的建立上。

在该实验中，3～6岁的儿童被放置于两组不同的成人模特当中，一组是具有攻击性的，而另一组是不具攻击性的。在攻击性的一组，成人模特猛烈地击打波波玩偶，并伴随着言语攻击；而非攻击性的一组，成人模特只是摆弄玩具。最后，当儿童被单独放置在有攻击性玩具和无攻击性玩具的实验室时，那些观看过暴力行为的孩子，更倾向于模仿他们看到的行为，尤其是当这些行为得到赞赏时。

这个实验论及了一个非常重要的议题，即我们所处的生活环境，尤其是重要他人的言行，对我们行为模式的影响。

成年以后的亲密关系模式，是基于早年内化的"客体关系模式"存在的，这种客体关系模式的建立有两种方式：直接和间接。前者是通过和重要养育者的直接互动，而后者则是通过观察和模仿。

就拿青来说，她生命中第一个"亲密关系模板"，就是她父母的关系。她的父母关系是：指责、暴怒的妻子和沉默、隐忍的丈夫，而青更多地认同了母亲，并将亲密关系中的情感体验与这些情景建立了连接。不仅如此，当母亲指责父亲时，青所激起的对父亲（她生命中第一个最亲密的男性）的"不忍"，以及想要去"拯救"他的愿望，也会成为她的一个"情结"，而青对母亲痛苦的继承，则会让她背负起对至亲者过度的责任。

所以成年后的亲密关系并不仅仅只是父母亲密关系模式的重复，其中还混合着孩子与父亲的关系、孩子与母亲的关系，以及孩子自身的特质，这些共同构筑了孩子成年以后的亲密关系。

就像青与辉的关系，在他们的相处模式里，有着青的父母关系的痕迹——一个指责的妻子和一个沉默的丈夫。而青为辉打抱不平，甚至还跑到公司找辉的领导理论，是因为辉的糟糕处境激发了青想要为父母的痛苦承担责任，并为之抗争的"情结"。

但这只是青的需要，而非辉的需要，正如辉自己所说，他是能够安住在这样的处境中的。同时，青和辉的关系里还有他们自身关系中平衡被打破的现实困境，即经济地位的失衡所带来的关系的失衡。

▲亲密关系无不表现出童年的影子

心理学家们在研究亲密关系中的吸引力时，论及了各种原则，譬如空间上的邻近和重复接触、长相的吸引、相似性和互补性等。但从客体关系的黏着性与重复性来说，亲密关系中的一见钟情或怦然心动，和最早年亲密体验中的熟悉感被唤起有关。

对于异性恋来说，这往往和其与异性父母相处中的体验有关。如果这个关系中有太多的爱恨交织，未解决的冲突和情结就很容易被重新唤起，并带到成年以后的亲密关系中去。而如果父母的关系，以及子女和同性及异性父母的关系是融洽的，爱的体验更多的，即便有冲突也能协商解决的，那么子女在成年后也更容易建立起满意的亲密关系。至于父母之间及父母和子女之间是什么样的组成，严父慈母还是慈父严母，家庭氛围热热闹闹还是安安静静，也只是形式的差异而已。

打个比方，一个普通的双职工家庭，丈夫在家里是拿主意的人，而妻子则相对依附、顺从一些，即便有不同意见，通常也都听老公的。这对夫妻共同构建了一组运作良好的客体关系模式——相互依恋、有商有量的关系模式：欣赏、尊重丈夫的妻子，当家做主、承担责任的丈夫。

他们养育了一个儿子。儿子首先在前三年的依恋关系中，从情绪稳定的母亲这里获得了"足够好的"养育，建立起了原初的好自体和好客体的积极表象。随后，儿子又在慢慢成长为一个男子汉的过程中，认同了父亲的责任感和男子气概。

儿子和妈妈的关系一直都非常好，妈妈特别喜欢听儿子说话，并像支持和鼓励丈夫一样对待儿子。就这样，等儿子长大以后，有一天，他遇见一个眼睛里闪烁着光芒听他絮叨的女人，瞬间，那种和母亲亲密依恋的温软感像电流般击中他的心田，他恋爱了。因为在他和母亲的关系中，没有什么相互冲撞的纠缠，所以他也就平平稳稳地建立了属于自己的亲密关系。

但如果是像青那样的成长环境——一个抱怨的、歇斯底里的妻子和一个沉默的、被指责的丈夫，爱的关系中还交织着怨恨、不满、委屈，但又反复纠缠，让人无力挣脱。

一方面，母亲的内部客体关系模式会在和青的关系中呈现，例如当青的行为让妈妈不满意时，她会爆发并指责。

另一方面，当青作为一个小女孩儿，天然地要奔向父亲时，却被唤起了非常复杂的情绪体验：爸爸好可怜啊，我好想去抱抱他；我跟爸爸好了，是不是就对不起妈妈了；妈妈要是不要我了怎么办，爸爸看上去一点儿都保护不了我；爸爸为什么这么没用，都不敢跟妈妈吵呢……

这些复杂冲突的情绪，会无意识地影响着她。不仅如此，妈妈对待爸爸的方式也会潜意识地被她吸纳进内心，成为她建立亲密关系的原初模板。

就这样，等她成年以后，遇见一个男人，一个像父亲那样沉默寡言但很安稳的男人，她心底最深处的温存被唤醒，于是，她恋爱了。但与此同时，早年的各种情绪也被唤起，并交织在爱情里。她会既渴望建立两情相悦的亲密，但又感到无能为力。因为自己会的，要么是指责贬低，要么是全能拯救，要么是焦虑恐惧。

但这并不意味着她只能建立"坏的"关系，其中也有"好的"部分，不论是内心的理想化，还是从电影小说，抑或他人的经历中学来的经验。只是，如果这些早年经历中内化的"坏"客体关系模式太多，并且僵化地占据了她的内心，那么在现实的亲密关系中，"坏的"关系模式就可能更容易被唤起，并形成"强迫性的重复"。

譬如说，辉的隐忍唤起了青的亲密感，但同时也唤起了她对母亲的认同，以及内化了的父母的沟通模式，而当她越指责辉越退缩时，小女孩儿对父亲怒其不争、哀其不幸的复杂情绪就会被唤起。这种混杂着痛苦体验的情绪里，伴随着生命中最亲密的情感流动。这些情绪纠缠在一起，会带来两个问题。

一方面，当青因为这种熟悉感而进入亲密关系时，她也把她过往的客体关系模式带了进来，而失去了和当下真实的人建立真实关系的机会。毕竟，即便辉有和青的父亲类似的地方，但他仍然是另一个完全独立的个体，他需要作为一个主体被理解和与人沟通，而当青淹没性的情绪倾倒过来时，青只是在用被唤醒的"过去"隔绝了有更丰富可能性的"当下"。

另一方面，当只有这种熟悉感能唤起青最深的亲密感时，其实也意味着，可能其他类型的男孩子很难打动青，即使他们更优秀。

当然这么说并不意味着我们在亲密关系里只能重复，也并不意味着早年的客体关系类型在选择伴侣时起着决定因素。婚姻关系的建立是诸多条件综合作用的结果，很多相爱的人未必最后能走到一起，而走到一起的又未必相爱。但早年依恋关系中的亲密体验，确实会对成年以后的择偶造成影响。

只是，亲密关系毕竟是两个人的事，当双方"相互吸引"时，从客体关系的角度来说，意味着两个人内心的"钩子"彼此勾上了。但这并不代表，A的父母的关系模式等同于B的父母的关系模式，A认同了她妈妈，B认同了他爸爸，然后A跟B"来电"了。

生活总归是比较复杂的，每个人的天性各异，认同各异，说不定A更男子气，而B更女性化，他们都吸纳了更多异性父母的特质，并结合在了一起。也有可能，B觉得父亲太内向、太沉默，他反向认同父亲，成了一个外向风趣的人，然后吸引到了娇羞内敛的A呢！总之，早年的依恋关系对亲密关系的影响是有很多变数的。

对于很普遍的单恋，譬如甲勾起了乙非常熟悉的亲密感，但乙非甲心中亲密关系模板中的"客体"，所以乙对甲苦苦追求，但甲对乙仍没感觉，甚至很嫌恶。这种唤起，有时候是"理想的"。譬如，一个温柔的女人唤起了男人小时候渴望的但又没在母亲那里得到过的温暖的感觉。

总之，我们早年在依附关系中直接经历、间接观察到的关系模式，都会构筑进我们的内心，并成为我们成年以后建立亲密关系的"原始模板"。只是，如果在生命前三年的依恋期间，尤其是最融合黏连的母婴关系里，产生过创伤性的体验，则可能在成年以后的亲密关系中被唤起更剧烈、黏着而难以分化的复杂情绪。

▲

4

沟而不通：伴侣间的沟通困境

"我觉得你一点儿都不爱我，你的心里一点儿都没有我！"

枫一边哭，一边把手中的靠垫砸向坐在沙发另一头的宇。宇也没有回避，任由靠垫砸在自己的头上，然后掉落在地上。

"你不要总是这样蛮不讲理，我如果不爱你，怎么会把家里的经济大权都交给你；我如果不爱你，怎么会尽量不出差而待在家里陪你？我知道你很辛苦，又要上班又要带孩子，行了，早点睡吧，都快十一点了。"

每次争吵的时候，宇总是异常的冷静，而他的冷静，又让枫变得更加抓狂。

宇和枫结婚整整十年了，十年里，大吵小吵没少吵，至于吵架的理由，在宇看来，都是"鸡毛蒜皮"的小事情，女人的闹情绪；而枫则认为，宇自始至终都不理解自己，也没有真的想要理解自己。

　　宇和枫是家人介绍认识的，因为双方的父亲有生意上的往来。枫刚见到宇的时候，就被他的一表人才深深吸引，而宇也饶有兴致地听枫唠叨她的小女人情怀。但慢慢地相处下来，枫总觉得和宇之间隔着点儿什么。

　　枫是一家杂志社的编辑，平日里舞文弄墨，也是一个情感极为细腻丰富的女子，看电影、小说，经常会哭得一把鼻涕一把泪。相较之下，在建筑公司做工程的宇则理性很多，当枫在那里手舞足蹈的时候，宇总是会来一番冷静的分析，弄得枫兴致全无。

　　而正当枫纠结要不要再跟宇交往下去的时候，却发现自己意外怀孕了。想着肚子里的新生命，再加上宇总体也还不错，两人就结婚了。

　　婚后就是平平淡淡的小日子。宇忙他的事业，枫忙工作和儿子。两人虽然有交流，但终究只是些日常琐事。枫渴望彼此之间有更深的亲密感，但是当她把儿子哄睡以后，想和宇说点儿体己话时，却发现自己的情感无处安放，感觉自己讲的是东，宇的回复是西，于是因为不被理解而恼了起来，随之，又会被宇扣上一顶"情绪化"的帽子……

　　枫觉得，在宇的眼睛里，她看不到自己，她也变得不确定，宇真的是因为爱自己而娶自己，还是因为到年龄了，需要一个女人，需要组建家庭，需要生养孩子。枫在这个别人看起来幸福美满的家里，日渐孤独！

我们每个人都有被理解、被看见，并与他人建立情感连接的需要，尤其是在亲密关系中。但从另一个角度而言，我们又都是完全不同的个体，有着各自的天赋秉性，不同的成长环境，不同的内心世界，以及不同的人格特质。这些差异性使得我们在面对相似的情境时，被唤起不同的认知、情绪和行为。

精神分析领域有个术语叫"投射"，被认为是一种原始的防御机制（应对痛苦情绪的方式），其原初意涵是将自己无法接受的感觉、愿望、冲动等放置到外部环境及他人身上。这是一种将内心世界等同于外部世界的未分化状态，而且，这种未分化状态存在着一条从病态到常态的广泛连续谱。

打个比方，一个先天气质焦虑、易怒的人，在吃奶阶段没有得到稳定的照料，从婴儿期开始内心世界就充满了担心会被外部邪恶世界伤害的恐惧。长大以后，人际关系中一丁点儿的风吹草动，都会将他内心迫害性的"坏客体"激活，并投射到他人身上，并与要伤害他的人进行不懈的斗争。

这是一种相对原始的处理内心无法消化的恐惧的应对方式，也容易适应不良，因为这会带来人际关系中的很多困难。也可能是日常生活中，我们基于种族、地域、信仰、外貌等方面的划分，而投射出内心的各种偏见，这是很常见的现象。

但不论是病态还是常态，我们每个人都有属于自己的"主体性"，当我们用自己的眼、耳、鼻、舌，用我们的身体去接触外部世界，并形成各自的理解时，势必存在着主观性与局限性。如果我们坚持认为自己的想法和观点是正确的，是全部的事实，并强加在对方身上，其实就阻隔了彼此间的交流。

就像宇在没有理解枫的前提下，就将自己的情感随意表达出来；而枫在渴望宇按照自己的方式和自己情感共振的同时，也很难从宇对爱的理解的基础上去理解他对自己的爱。他们就像两颗流星，擦肩而过，却无法真正地交汇。

而情感交汇的起点，是"共情"（empathy），这是一种对他人的想法、情绪进行体会和理解，并站在他人的角度思考和处理问题的能力。人本主义心理学家卡尔·罗杰斯（Carl Rogers）和精神分析自体心理学家海因兹·科胡特都对这一概念进行过比较深入的阐释。而护理学者特蕾莎·怀斯曼（Teresa Wiseman）则简明地提出了共情的四种特征，或者也可认为是共情的四个步骤：

第一，接受观点：接受他人观点的能力，或者认同这是他们的观点的事实。

第二，不加评论：不强加自己的观点给他人。

第三，体会情绪：体会他人的情绪感受。

第四，建立连接：与他人的情绪体验连接在一起。

也就是说，人与人之间建立情感连接和共鸣的起点，是我们放下自己的投射、评判、偏见，去体会并理解他人。其实，这个起点挺高的，因为我们往往太想彰显"我"，太难放下"我"了。

可能这就是虽然我们渴望爱与亲密，但真正意义上的亲密并不易得的原因吧！

而从实际操作的步骤来说，障碍有深有浅，问题有难有易。如果是本篇前文中的案例，因为早年的创伤之痛，一个人的内心入驻了太多偏差性的客体关系模式，例如亲密关系中很容易被唤起的被吞噬与被伤害的恐惧、被抛弃的恐惧、不被爱的恐惧、指责与愤怒等，这些都来源于盘踞在心中的"未完成情结"，并投射到外部的人际关系中，那么这个人根本就没有空间去体会和理解别人了。

对这样的情况，首先需要一点点地清理掉这些伤痛，让内心与所谓的"客观事实"更接近一些。

像宇和枫的这种情况，宇有宇的内心世界，枫有枫的内心世界，但他们彼此的内心无法产生交集，则需要双方学习打破自我的屏障，在两座"孤岛"之间架起连接与互动的桥梁。

当然，破除过度歪曲的投射和建立不同自我的联结，两者并非是线性发展的，往往会交织进行。

▲理解自己与他人的心理过程

英国精神分析师皮特·弗纳吉（Peter Fonagy）及其研究小组的同事们，在依恋理论的基础上发展了心智化理论，这个理论虽然最初被用于治疗边缘性人格障碍，但在人际沟通领域也有其特别的意义。

心智化的简易定义是：将心比心，关注自我和他人的心理状态，和共情有重叠之处，但共情主要是关注他人，并尤其强调情绪状态，而心智化则不仅关注他人，还关注自身，并且关注的维度涵盖了更广泛的心理状态。

从人际沟通的角度来说，心智化的过程类似于"投射"，而且主要强调的是非理性的"初级思维过程"，以及由此激发的情绪体验和行动。

从心智化的发展来说，它包含不同的体验模式。其中前心智化模式中的"心理等价模式"，是将心理表征等同于外在现实，也就是内外不分，这是最原始、最不成熟的状态。就像是对幼小的婴儿，"幻想即现实"，因为他们还未能更进一步地触碰并理解这个不同于他们内心世界的外部世界。枫在和宇争吵时又哭又闹，觉得宇不爱她，心里没有她，类似于心理等价模式。因为她的表达是将内心被唤起的感觉、体验完全等同于外部现实了。

而前心智化模式中的另一种是"假装模式"，它将心理状态和现实进行了区分，相较于"心理等价模式"前进了一步。就像小孩子在游戏的过程中，即便骑着椅子当坦克，"在战场厮杀"，但他们知道，椅子不是坦克，客厅也不是战场。他们开始有了现实感，并尝试将内外进行区隔。

但假装模式存在着一种过度理智化和过度现实化的倾向，从而屏蔽了内心世界的丰富性和部分意义的真实性。这种情感隔离的状态，比较容易出现在男性身上，就像宇之于枫的情绪表达，完全忽略了她情感中真实体验的部分，仅仅只是就事论事地回应她。虽然宇从道理上没错，但却和枫的感受失去了连接。

至于心智化模式，则是心理等价模式和假装模式的整合。这是一种既体验和尊重内心的情绪与幻想，但也考虑外部现实性的一种统整状态。心理状态既非被夸大的现实感，就像枫因为情感上没有得到满足，就认为宇不爱她，而忽略了"爱"的其他面向；也不是非现实的，就像宇认为枫在"闹"，但却没有体会到他们关系中情感流动匮乏的真实面向。

所以，心智化的体验模式的核心在于"打破"自我的主观性。我们内心状态所呈现的只是一个现象诸多视角的其中一维，既是真实的，又非全部的事实。只有当我们有了这个基本的前提时，我们才有可能在关注自身心理状态的同时，也关注他人的心理状态，思考着感受并感受着思考，表达自己并体会他人，在两个不同的主体之间建立连接和理解。

但这并不容易，因为内在的自体和客体之间首先需要有基本的分化。

很多的病理心理问题都存在分化不足的状态，譬如得到了他人的肯定就觉得自己是好的，被人否定就觉得自己一无是处，将自身的价值与他人的眼光绑定在了一起，也就是"自体"处于比较虚弱和不成形的状态，需要外部的确认才能肯定自己。这样的话，恐怕需要先建立自我，才能打破自我了。

有效沟通的前提是，我有我的想法，你有你的想法，我在能够清晰地体会并表达自己的同时，也知道这只是属于我自身的"主观性"，而以一种探讨和分享的态度展开交流。

就拿枫和宇的沟通来说，枫真正要表达的是，她的情感没有被宇镜映和理解到，让她很不确定宇是否真的懂她和爱她，这里有她对于亲密关系中爱的需要，以及宇的言行带给她的感受，只是她无法从宇的角度去体会他对自己的爱。

而对于宇来说，他对一个男人爱一个女人的理解，就是经济大权上交、尽可能在家陪伴。从这个角度来说，他是爱枫的，但他无法从枫的言行中体会她对爱的需求是什么，并调整自己去适应她。

他们各自活在了自己对"爱"的定义中，并以自己的方式去践行爱和需要爱，但两人是不同的个体，势必会有冲突。而重建连接的方法是各自打破一点儿自我的边界，在表达自我的同时，让对方也能够部分地进入自我。也就是枫能够接受爱的另一种形式，而宇也能增加一些情感性的部分，以满足枫的需要。

从能力的角度来说，这里便涉及对自我及他人心理状态的理解。因为在很多沟通的场景中，我们往往都在茫然地按照习惯进行反应，陷入对谈话"内容"的回应中，而缺乏对谈话"过程"的体会和反思。

就枫和宇来说，枫觉得宇不爱她，宇却觉得他是爱枫的，并举出各种例证。这是在内容层面的回应，但从过程的角度来说，枫的愤怒背后其实是未被满足的对爱的渴望。如果宇能够理解这一点，看到枫对情感的需要，并表达出自己对枫的真情，同时枫也渐渐能接受宇以他的方式去爱她，那么枫清晰地表达了自己，宇也清楚了缘由，双方都能理解到彼此的心理过程，并能及时调整，这样，情感流动的桥梁就搭建起来了。

要做到真正意义上的亲密关系并非易事，这其实也是对彼此人格水平的考验。首先，要求双方有相对清晰的主体感，也就是自己是自己心的主人，而非被各种混乱的情绪体验和异化的客体关系控制；其次，要能够放下部分的自我，包容他人的自我并与之建立连接。

当然，这并不仅限于亲密关系的沟通，也适用于其他各种类型的人际沟通。

世间的纷争，小到伴侣间的争执，大到国家间的冲突，可能多多少少都会有过于在意自身，而忽略他人存在的因素！从爱自己，到爱他人，是一种人格修为的提升，也是人一生的成长功课。

3

▲

5

家庭关系中的"三角关系"

"老婆！我浴巾忘拿了。"

小午将浴室门开出一条缝，冲着卧室叫了起来。雯雯还没来得及起身，就听见婆婆一边应着"来了，来了"，一边趿着拖鞋跑到阳台给儿子拿浴巾。雯雯走到房门口时，正看见婆婆门也不敲地冲进了浴室，她一气之下，"砰"的一声，把门给关了。

类似的事情已经不止一次发生了，为此，雯雯没少跟小午吵架。当初结婚的时候，雯雯就不想跟婆婆住在一起，觉得两个人应该有一个小小的房子单独住。可单亲家庭长大的小午，觉得妈妈独自辛苦地将自己拉扯大很不容易，再加上当初也答应过妈妈，就算结了婚，也不会扔下她的。

虽说雯雯也看过、听过各种婆媳矛盾，很是不情愿，但拗不过小午的坚决，也就同意了。可婚后不久，雯雯就感觉老公不像是自己的，反而更像是婆婆的，自己倒变成了夹在他俩中间的

"第三者"。

"雯雯你怎么让小午洗碗呢，他长这么大，我从来没让他碰过家务活儿。"吃完饭后，婆婆看到雯雯支使小午去洗碗，赶紧抢了过去。

"雯雯让我来，我们家小午喜欢吃的荷包蛋你煎不来的，是里面的蛋黄能流出来的那种。"雯雯刚点上火做早餐，婆婆就冲进了厨房。

"你到底是要跟你妈过，还是跟我过？"一天吃过晚饭后，雯雯终于忍不住，把房门一关，和小武吵了起来。

"你小点儿声，当心被妈听到！"小午一边急得直跺脚，一边压低了嗓门对雯雯说。小午的话更让雯雯火上浇油："这么偏心你妈，你娶老婆干吗呀？我们是在过两口子的生活吗？大清早的，门也不敲就跑到我们卧室来说要'打扫房间'，说了多少回都不听，房门锁上她还不高兴；我叫你去做点儿事，感觉她就像只老母鸡一样在后面狠狠盯着我，生怕我把你怎么样了。让你去跟她说一说，你又不肯。你心里到底还有没有我，这样的日子没法儿过了！"

雯雯一边说，一边委屈地哭起来。小午左右为难，不知如何安慰是好。

对于小午来说，和妈妈这么多年的共同生活，他自己已经习以为常了，没觉得哪里不对。可随着家庭矛盾的升级，他也不知道该怎么办。继续顺着老妈吧，老婆不高兴；向着老婆吧，又担心老妈会伤心。真恨不得把自己劈成两半，一人分上一半才好。

▲从母子分化到独立个体化

唐纳德·温尼科特从个体发展的视角描述了孩子从绝对依赖到相对依赖，再到朝向独立成长的过程。这一过程，不仅是身体上的从依赖到独立，更是心理上的从黏附到分化。

孩子刚出生时是毫无独立生存能力的，并且也无法清晰地表达自己的需要。这时，便需要具有"原初母爱灌注"的妈妈高度敏感地体察到孩子的各种需要，并及时地满足。此时母亲作为孩子的"辅助性自我"而存在，全身心地投入到满足孩子的需要中，并获得自我满足，而自身的独立性是暂时丧失了的。

随着孩子的一点点长大，自我功能渐渐发展，对母亲的依赖度逐渐降低。经过前三年的悉心照料，孩子开始能够离开母亲（或其他重要照料者），并进入幼儿园，母亲也能够渐渐地从对孩子的关注中抽出身来。最终，孩子完全独立，并从原生家庭中"分离"出去，实现经济上的独立，并建立起属于自己的小家庭。

这是一种理想情况下的分离个体化，但在现实中，我们却看到太多"未分化"的原生家庭。

母亲通常作为孩子的主要照料者，而父亲在孩子的养育中往往处于"缺位"状态，或是忙于工作，或是被妻子"打入冷宫"。还有的家庭分崩离析，妻子或是辞去工作全身心照顾孩子，或是将夫妻关系中的失落寄托在了孩子的身上……如此种种都会导致孩子很难完全从原生家庭中分离出去。

俄狄浦斯情境中的"三角关系"，蕴含着父亲的"在场"对于母—子"二元关系"的分化作用。

胎儿最初在母体中和母亲构成了"一元关系"，当他出生以后，还需要经历一段时间才能从和母亲心理上融合的"一元关系"发展为黏着的"二元关系"。

但就家庭结构来讲，整个家庭核心的二元关系是夫妻关系，而非母—子关系。因此，丈夫的存在首先作为一种分离的力量，将妻子和孩子过于紧密的关系拉开距离，让妻子的重心渐渐回归家庭生活。

本质上来讲，夫妻关系是一生的相守，而父母和孩子的关系是渐行渐远的分离。

且不说像小午这样母子相依为命的例子，很多所谓的"完整"家庭里母亲和孩子的难以分化，也往往和夫妻关系的疏离并存。丈夫在情感上被排除在了家庭的核心之外，仅作为名义上的父亲而存在。

甚至，有些家庭里，夫妻间的亲密情感早已不在，孩子成了维系夫妻关系的纽带，于是，妻子将情感过度投注在孩子身上。对于有些全职妈妈来讲，因为缺乏了职业成就或自我实现上的投入与寄托，也会导致类似的问题。

不仅如此，"母爱"通常意味着情感上的呵护与黏着、无微不至的关怀与照顾；而"父爱"带给孩子更多的是一种浑厚、力量、博大与坚韧，正所谓"父爱如山"。所以父亲稳定地在那里，对于男孩子来说，可以帮助其内化和认同"男性元素"的部分，并为成长为一个独立的"男子汉"做准备。而对于女孩子来说，则在和爸爸的相处过程中，一点点地塑造和异性相处的情感体验模板。

所以，从养育孩子的角度来说，可能最初几年是母亲占主导，但父亲在孩子成长过程中的重要性同样不可或缺。

这么说并不代表没有父亲是不行的，父亲对于孩子的影响或许用"父性"更合适，这种能量既可以存在于父亲身上，也可以存在于母亲身上。因为重要的不是外在形式，而是内在的人格品质。

就拿小午来说，诚然，他母亲独自将他抚养长大有其艰辛与不易，但他母亲将自己的关注都放在了儿子身上，并且无视他作为一个成年男性的独立与边界的需要，这是造成夫妻矛盾的主要原因。

新生婴儿的自体是非常脆弱的，边界也是非常模糊的，此时，母亲的自体需要部分地承担起维系宝宝自体运行的功能。但是，随着孩子慢慢长大，边界不断延展，母亲需要慢慢地将自己自体的辅助性撤回，在孩子的主体感和自己的主体感之间进行协调，找到一个双方都能接受的弹性空间。也就是说，将彼此视为一个有着各自不同需要的独立个体。

　　但是看起来，小午的妈妈太过"入侵"了。且不说妈妈和成年儿子在身体上的界限，对于儿子、儿媳在私人空间上的尊重也几乎没有。她其实在未将儿子视为一个独立个体的同时，也未将自己视为一个有着独立需要和存在的个体。

　　因为除了作为一个随时待命照顾儿子的"工具性客体"以外，我们并没有看到"她自己"。她的未分化独立，无法推动小午的分化与独立，也就无法将小午还给他的妻子雯雯。因为，作为一个新组建的家庭来讲，小午与雯雯的二元关系是小午的家庭关系的核心，而母亲则需"退居二线"。

▲从"二元之爱"到"三元之爱"

　　我们在前文论及"俄狄浦斯情结"的时候，也谈过从独占（二元）之爱发展到分享（三元）之爱的重要性，这是人格非常重要的成长。毕竟，我们生活在群体性的环境中，不可能永远独占某人百分之百的爱，如果因此而纠结，我们的生活将会很痛苦。

　　对于绝大多数人来说，在普通关系中能够和他人分享，甚至可以长期处于不重要的位置，譬如一辈子在单位里做个小员工，但是在亲密关系中，却很难做到和他人分享伴侣的爱。亲密关系中的分享，会有一条比较宽泛的连续谱。

　　我们在情绪的篇章里，谈到过嫉羡和嫉妒。嫉羡源于母婴二元关系中婴儿的未被满足，对于别人有而自己没有的东西的"羡慕嫉妒恨"。而嫉妒则产生自俄狄浦斯三元关系中，对自己有的东西不愿与别人分享。

如果二元关系中有匮乏，到三元关系中还要被进一步瓜分，痛苦的情绪则会愈加强烈。此时，可能会泛化到各种关系中，导致其脆弱性，当感觉到自己不是最重要、最被爱的时候，则会产生弥散性的自体破碎。

而如果二元关系还不错，三元关系没度过，从亲密关系的角度来说，则会对家庭里的多边关系带来矛盾。因为，虽然亲密关系是二元关系，但其衍生的家庭关系却是三元关系。

再回到俄狄浦斯发展阶段，父亲的介入，会带来整个家庭动力的变化。

对于女孩儿，异性相吸的生物天性，让她从妈妈的怀抱扑向爸爸的怀抱时，对于妈妈的"俄狄浦斯情结"是否度过是个考验；而对于男孩儿，当他紧紧地搂着妈妈不肯放，要狠狠地将老爸踹走时，对于爸爸则是个考验。

当然，其实孩子出生时，不论男女，对丈夫而言都是考验，因为妻子对孩子的母性之爱往往会超过对丈夫的情欲之爱。就更别说，当爸爸看到有个臭小子抢走自己的"小棉袄"，当妈妈看到有个小姑娘夺走自己的"小情人"时的不爽了。

其实，家庭关系在二元和三元关系中有一个动态变化的过程。当一对相爱的恋人结合时，他们进入了融合之爱（情感与性）与独占之爱中，这种彼此是对方此生的最爱与唯一，以及身心交融的极致的愉悦感，是如此的让人心醉神迷。可能这也是千百年来，人们对爱情的追求与神往永不止息的重要原因所在吧！

但是当妻子怀孕及孩子出生后，伴侣间的融合往往会被母婴间的融合所取代或部分取代，丈夫也有可能在此期间出轨。与此同时，双方的父母可能会因为要照顾小孩儿而卷入这个小家庭，各种复杂的关系也会因此而激发。

随着孩子慢慢长大，对大人的依赖逐渐降低，夫妻所需要的外援也会减少，但可能会有二胎、三胎，于是便会产生更复杂的家庭关系——父母对孩子的偏爱，孩子之间的竞争等。而经过"上有老、下有小"的漫长阶段，随着长一辈的逝去和晚一辈的独立，夫妻又回归二元关系，直至一方或双方的离世。

当然，实际的关系模式会更复杂多样或更简单。但无论如何，在多边关系中，我们势必处在爱与被爱的不同位置中，付出与获得的不同状态中。想要有"分享之爱"的能力，就要内化足够多的"好客体"在心中，如此才不用过度索取外部"自体客体"对自己的镜映、肯定、欣赏、爱，也就能够与别人共享。

譬如，一个缺爱的妻子，可能会想尽办法将孩子紧紧地攥在手心，不让其与父亲靠近，同时又将丈夫牢牢控制，让自己成为家庭中爱的中心，若非如此，妻子不被爱、不重要的痛苦感便会被唤起。但如果这个妻子有足够健康的自尊，她便能够与孩子分享丈夫的爱，而不会因为嫉妒，打乱家庭应有的结构。

当然，除了过度匮乏爱，被过度宠溺的家庭成员也会导致"三角关系"问题，这在嫉羡与嫉妒的章节中已有所论及。

我们在上面讲到，在家庭的发展过程中，家庭成员的关系是在动态变化的，而这种变化是为了促进家庭系统的健康和家庭成员的成长。

就拿小午的妈妈来说，随着儿子的成长，分离个体化是必然的发展趋势。小午需要从对妈妈的依附中独立出去，所以即便在母子二元关系中，妈妈也需要对儿子放手。对于小午来说，只是因为没有爸爸的介入，困难度会更大一些。

当小午和雯雯组建了小家庭以后，小午二元关系中"最亲密的人"，由早年的妈妈变成了现在的妻子。即便小午的妈妈想要和他们生活在一起，并且雯雯也愿意，小午的妈妈也要认识到：小午的夫妻关系已经成了家庭关系中的核心，自己则需要"退居二线"。

小午的妈妈在这个三角关系中的位置，有点儿类似于处于俄狄浦斯期的儿子。在这个时期，儿子尽管在情感层面希望得到妈妈全部的爱，最好是妈妈将爸爸踹了，只爱自己，但却不得不面对现实：妈妈最爱的是爸爸，自己只能与爸爸分享妈妈的爱。

这种家庭中成员各归各位、边界清晰的境界，说起来容易，做起来却并非易事，难点在于我们业已成型固化的人格特点。

当亲密关系因为一纸婚约而成为两个家庭间的复杂关系时，

不同的人格在其间错综交织，形成不同的关系类别，有的欢愉喜悦，有的窒息痛苦，有的悲欣交集。而家庭氛围，又会影响下一代的人格发展，从而把这种关系模式代际传递下去，循环往复。

　　而改变，唯有从自身开始！

第四章

自我的探索与建立

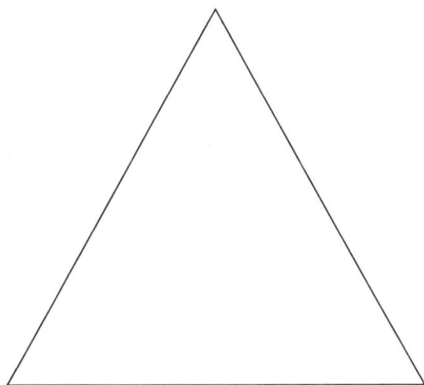

我是谁？我从哪里而来？我要去向何方？

自我实现与自我绽放，是我们生而为人的重要目标和生命的重要意义。不论是能够在人前自由表达的真实自体，还是能够与他人分庭抗礼的独立人格，抑或能够实现雄心与理想的强健自我，都值得我们用一生去追寻。

如果没有一个"你"来指认，我不成其为"我"。但在成长过程中，如果未能因气质特点得到恰当的养育，"我"的发展就会出现各种问题。

未被镜映、被过度保护或被过度打压等，都会让真实的"我"或是因为没被"看见"而停滞在萌芽里，或是无力向外拓展而蜷缩在狭窄的壳里，或是活在别人的目光中而丧失了真正的自己……

早年不同阶段的成长历程，如何建构了我们，又如何束缚了我们呢？

▲

1

群体之中，我想做个"隐形人"

V是一个敏感而内向的女孩子，在公司人力资源部门做人事专员的她，每天最怕的事情就是中午被同事叫去吃午餐。

"V，一起去吃饭吗？"

"呃……我还有个表格没做好，你们先去吧！我做好了再去吃。"

"都午休时间了，下午再做吧！"

"本来说好上午交的，都迟了呢！你们不用等我了，赶紧去吧！再晚人就多了。"

"那好吧！我们在×××，你过来找我们哈！"

等同事们都走了，V才关掉"要交的表格"，拿好手机，一个人去附近常去的日本料理，吃一份定食套餐，再玩一会儿手机游戏。

V不是不喜欢同事们，她们人都不错，待她也很好。尤其是部门经理Linda，很欣赏她做事认真细致、用心高效，有意培养她。可她就是……和同事们没话说！

当她们在热火朝天地聊宫斗剧、护肤品的时候，她根本就插不上嘴，因为她最喜欢做的事情就是一个人静静地在家里看宫崎骏的动画片、养各种多肉植物；当她们陷入沉默的时候，她又开始焦虑，想要找话说，但是又不知道说什么；而当她们把话题转向她，要她说点儿什么的时候，她的脸就会立马变得绯红，不知所措。

V不是不会说话，对于工作，她还是能够侃侃而谈的，只是一到人群之中，她就……

不仅和同事之间的相处让V感到不安，去参加任何集体活动，譬如开会、培训等，V都喜欢把自己藏在一个最不起眼的角落里，不想被任何人注意到自己。在一些公共场合，V也很害怕弄出点儿动静来。比如在外面吃饭，遇到高峰期，服务员忙不过来，V就很难像有些人那样大声叫喊，她担心自己的声音会惊到别人。

妈妈说，V出生时就很爱哭，抱起来越哄越哭，但放下就不哭了；有时候想要逗着她玩一玩儿吧，她又会把头扭过去不配合。刚开始时，她妈妈还觉得女儿不亲自己，很挫败，但慢慢地，也就不管她，让她一个人待着了。就这样，V在一个相对孤僻的环境中长大了。

谈起小时候的V，妈妈还略有失落但又稍显轻松地说："你小时候可好养啦，都不用去管你的，很省心。"可V听着，却总觉得缺了点儿什么……

▲未被"看见"的存在

前文中有谈到，人格的形成是先天气质和后天养育的共同结果。有一类孩子天生就具有行为抑制的倾向，他们面对陌生人和陌生情境会害怕退缩，心理学家称之为"新异焦虑"，他们对于新异刺激特别警觉不安。

这里包括两个方面：一个是对刺激的敏感性，一点点的外部刺激都可能会引起他们比较大的情绪波动；另一个是内心的不安全感，一旦面对陌生事物，就会恐惧。

如果父母能够敏锐地觉察到这些问题，并在了解孩子对刺激的承受能力的前提下，帮助孩子一点点地适应陌生环境，那么孩子在成年后的人际交往中，就不会有那么多的不安；反之，如果父母忽略不管，或者过度介入，孩子在长大后可能会成为一个害羞、退缩、易焦虑的人。

V看上去有这样的先天特质，但她的妈妈似乎并不是太理解她，在与女儿的情感连接遭受到"拒绝"以后，妈妈选择了放弃，不再与她靠近。其实孩子的退缩并不是不喜欢妈妈，而可能是在表达：你靠我太近了，刺激太多了。

"自体"的成长，首先是"身体自体"的成长。这里既有身体的发育，运动、认知技能的发展等，也有在与他人身体触碰和互动的过程中所建立的皮肤的边界和身体的表达。

我们在前文勒内·斯皮茨的研究中，看到缺乏母亲的情感回应和拥抱玩耍后，孩子们如何在身体上变得发育迟缓，心理上变得抑郁退缩。玛丽·安斯沃斯等人的研究也显示，如果母亲对孩子的身体接触太过唐突或回避接触，对孩子表达连接的请求退缩，情绪抑制，或刺激过多等，都会导致孩子在人际关系中的回避。

尤其对于特别敏感的孩子，如果本来就因为刺激过多而哭闹不止，妈妈还赶紧跑过来又是抱又是哄的，孩子就更受不了，更要逃离了。而父母如果因此走向了另一个极端，干脆不去管了，那么，孩子自发的身体需要的表达则可能会被抑制住。

譬如说拽拉妈妈的手，如果妈妈也发力，跟着宝宝一起拉扯、互动，那么孩子的身体动能就能够表达，并且和他人的身体发生触碰、连接，类似的游戏经常发生能够帮助孩子适应与他人近距离的身体接触，并且自发地经由身体表达自身的需要。

但如果母亲对孩子的拽拉没有反应，或者退缩回来，那么表明孩子主动的表达被拒绝，靠近的需求未满足，向外的能量慢慢便会向内萎缩，人际间的隔绝便慢慢产生。

当然，身体（伴随心理）层面的表达、联结、回应所带来的问题有不同的形式。

从婴儿期的喝奶、拥抱、玩耍的需要没有得到很好的满足，到能走能跑以后的身体运动被限制，如撕书、扔妈妈的手机等被过于严厉地喝止，或者担心身体受到伤害而不让孩子爬上爬下，再到孩子的大声啼哭、喊叫等，受到大人责骂……当身体的表达与感受到拒绝或被指责的羞耻相连接时，退缩、隐藏往往成了一种自我保护，只是对于一些过于敏感脆弱又行为抑制的孩子来说，更增加了其焦虑不安与回避。

虽然并不能很清楚地了解V早年成长的细节，但从她在靠近他人时身体的退缩与心理的焦虑，以及表达自己的不安上来看，她先天的易感气质并没有能够在后天的养育中得以改善。

这样的孩子对于大人而言会是更大的挑战，需要大人更敏感地体贴到孩子的情感需要，给予更多的鼓励和支持，并且相较于其他的孩子，大人会承担更多的压力。譬如，孩子在幼儿园里可能会害怕、不敢说话、不敢跟别人竞争、过度紧张自己的言行，看起来就是不如别人家的孩子。

对于照料者来讲，要积极面对这些情境，在扛住自己焦虑的同时，尊重孩子的现状，鼓励孩子勇敢地探索和表达，不要逼迫孩子一定要和其他小朋友一样。同时，家长还要耐心地帮助孩子，找到属于孩子自己的优势和特长。

每个人对人际关系的质和量的需求各不相同，重要的是能够找到适合自己的距离和风格，并安住于其间，让自己不至于因为害怕人群而焦灼不安。

▲学会独处是成熟的重要标志

唐纳德·温尼科特曾经写过一篇名为《独处的能力》的论文，他谈到能够独处是情绪成熟的一个重要标志。这和因为恐惧而从人际中退缩，是完全不同的状态。

在论述独处能力的建立上，温尼科特谈到了婴儿期，有他人（通常是母亲）陪伴下的独处。孩子在婴儿期需要母亲提供自我—支持，但等到孩子能够一点点地内射这个"自我—支持性"的母亲时，孩子便慢慢能够在没有他人在场时也能安然自处了。

温尼科特亦比较了"疲于应付外部刺激的各种反应上的虚假生命"，和在有他人在场的独处里婴儿"探索和发现他的个人生命"，两者间的不同。

婴儿主体感的建立，需要在妈妈的眼睛里看到自己。但很多时候，我们也发现，母亲为了自己高兴而逗乐孩子，孩子需要不停地回应、配合母亲。而往往只有在独处的时候，孩子才不用去应付外部环境，或者要去完成某个特定的活动，而是能够尽情地折腾、戏耍和感受自己。

所以，这样的独处再发展下去，其实是内心丰盈的独处，而非惶惶不安的孤独。翻译家傅雷先生在《傅雷家书》里谈道："赤子便是不知道孤独的。赤子孤独了，会创造一个世界，创造许多心灵的朋友！永远保持赤子之心，到老也不会落伍，永远能够与普天下的赤子之心相接相契相抱！"

"赤子"的意思，是初生的婴儿。"赤子之心"也就是如婴儿般纯真本初之心，从某种角度上，我们也可以将其视为我们内在最真实存在的自体。赤子不会孤独，是因为他和自己内在的本真连接在了一起。

由此，我们再来看V。她的问题是：对于自己真实存在的部分不太确定也很难表达，对于别人希冀的部分又不擅长达成，两相冲突之下就产生了焦虑。所以，她首先需要寻找到属于自己的主体感，并一点点地锚定下来。也许在一个心理咨询的再养育环境中，有一个稳定的咨询师存在，静静地陪伴她，可以让她在非独处的独处环境中，让自体慢慢地"长"出来。

也许她不用回避和同事一起去吃午餐，但能够自然地告诉她们，她聊不来这些，但会听着；也许她可以仍然坐在角落，但不用再因为担心被关注到而焦虑不安……

记得杨蓓老师在其著作《亲密、孤独与自由》里写过法鼓山上的一位80多岁的女信众，每天早上准时三点钟，不管刮风下雨，她都会拎着一把伞出门，到山上的临时大殿拜佛，拜完三百拜以后，与大家一起打坐。早课开始以后，她就到厨房帮忙准备早饭，做完以后，又拎着那把伞出去，到山上走走逛逛，中午时分再回到斋堂，帮大家准备中饭，然后回家休息。她来来去去都是一个人，从不与人交谈，只做好自己的事，但如果你跟她说话，她又会开心地回应你。一个人自得其乐、心满意足！

这种自我满足，和那种因为对依赖他人的恐惧而过度自我依赖的自恋型人格，是完全不同的内心世界。这是一种对于内在自体的丰盈感而呈现出来的自在的生命状态吧！

我所尊敬的钢琴家朱晓玫先生在一次采访中也谈道："有时，被一堆人围着，会觉得孤独得不行；而有时一个人，反而充实得不行。人际中，怕是充满了太多有的没的、可说可不说的无聊闲话。"

日本大导演小津安二郎在谈到其构思电影《早安》的故事时，亦说道："人之间平日总说些无聊的事，一旦有重要的事要说的时候，却很难说出口。"

当然，这么说并非否认人际关系中情感流动与连接的重要意义，只是这里面要有个先后顺序。首先，一个人的主体感要在成长的过程中一点点成形并稳定下来，从身体层面的自发表达到心理层面的自我与边界的确立，用这个慢慢形成的"我"与"你"进行互动交流。

很多人在成年以后的社交困境在于，他们的自体非常虚弱，对于自己内在究竟有什么样的感受、想法、需要等并不清晰或不敢表达；对于他人的目光、要求、态度等又会特别在意，担心他人的看法，忙于应付外界，类似于温尼科特所说的"虚假生命"的状态。

当然这并不意味着一个绝对的先后，自体的夯实需要在客体关系中慢慢锤炼，而夯实的自体又能帮助我们更好地与他人相处。

在人际中，我们渴望的是温暖与支持，但却很难得。成人之间的交流是用语言，但很多时候我们太依赖于语言，太在意"内容"层面的回应，而忽略了沟通过程中的"感受"。

而人与人的连接是情感的连接，所以很多时候，看似喧闹的语言交流，觥筹交错，但就内心的感受来说，可能大家还是活在了各自的孤岛中。再加上每个人都有各不相同的主观世界，所以，我们所说的和别人认为我们所说的，往往是两码事。

而社交层面的交流，因为还牵涉到"社交礼仪"的部分，在对他人表示尊重的同时，又会"防御"掉我们内心真实的但可能并不"适合"表达的感受和想法，所以可能会出现表面相聊甚欢，内心索然无味的情况。

精神分析发展史上的第一个病例安娜·O小姐的症状里，其恐水症背后的缘由就是一位讲英语的女士的狗（她很讨厌的家畜）在房里喝光了杯子里的水，安娜很不高兴，但出于礼貌又不能表达，内心冲突之下，自己产生了不能喝水的问题。

这并不意味着我们做了真实的表达，就建立起真实的连接了。我们在上一篇中谈到过投射与投射认同的问题，我们在早年的成长环境中，所构建的异化的客体关系模式越歪曲，我们越会在人际关系里投射出我们自以为的"事实"，而更难"看见"对方的存在，彼此之间的情感流动就更无从谈起了。

所以，不论是在独处还是在人群中，我们都有可能充盈，也都有可能孤独。重要的是，我们要能够找到自己，并安于自身！

▲

2

无法独立的"妈宝男"

"张阿姨,听说居委会给找的工作,你儿子又辞掉了?他是不是心理有问题呀?正好今天有心理老师在,要不要把你儿子叫过来跟老师谈谈?"

周末居委会在社区搞活动,有量血压的、医疗咨询的、营养咨询的、心理咨询的……排成一排,煞是热闹。

张阿姨刚买菜回来,看到一堆人,想着有什么免费的东西可以领一领,便凑了过来。结果,居委会的干事小李一眼瞅见了她,便赶紧关心起她儿子的事情来。

"我儿子没病,你才有病呢!"

小李的话不好听,让张阿姨很没面子:"那么差的工作,又累又赚不到钱,我们家小宝才不要干呢!他现在在家做金融投资,赚得不要太多噢!"把小李的话怼回去以后,张阿姨也没心情凑热闹了,拎着菜篮子气冲冲地回家了。

张阿姨的儿子吴小宝，今年已经40岁了，没工作、没结婚，在社会上晃荡了好久了。小宝是张阿姨和老吴最小的孩子和唯一的儿子，从小就被两口子宠上天了。在那个物质尚且匮乏的年代，小宝的零食从来没断过，有酒心巧克力、大白兔奶糖、万年青饼干、纸杯鸡蛋糕等，还经常换着花样吃。这些全是小宝的，两个姐姐只能偶尔分吃几个。

小宝的学习成绩一直不太好，但买文具的钱可没少花，不同款式的自动铅笔盒，各种图案的书包应有尽有。学校边上就是个文具店，小宝经常会去转转，看有没有什么新货到。老吴接儿子的时候，也会陪着他逛，只要看到他眼睛里放光，还没等他开口，老吴就指着东西让营业员打包了。

小宝后来勉强考了个中专，为此，张阿姨没少骂老师，觉得就是老师们没教好，送了那么多的礼，一点儿都不管用。

小宝中专毕业后，老吴托人在事业单位给他找了个轻松的活儿。但干了两三年，小宝就再也不愿意去了，觉得活儿太累、钱太少，领导又太苛刻。说是想要自己创业，他就去倒腾光盘，结果又卖不掉，都堆在家里。后来他又说要去开服装店，但最后也没做成。

就这样混来混去，等到该结婚的年纪了，要么是他看不上人家，要么是人家看不上他，总之，高不成低不就的，就一直拖到了现在，好在父母还有点儿家底，尚且能养着他。

海因兹·科胡特在论及自体的成长时提到，照料者和孩子之间要有"基本的调谐"，也就是说，父母能够大体上共情和回应孩子的身心需要，让孩子的内心能够存有"夸大表现癖的自体"和"理想化的客体"。但父母总有共情失败的时候，总有让孩子不满足和不舒服的时候，但是对于孩子来讲，只要这个受挫经验是"非创伤性的"，科胡特称之为"恰到好处的挫折"，则"新的自体结构将被获得，而既存的结构也会变得坚实"。

在这个过程中，孩子的自尊将会得到提升，其自体也会和父母从"未分化"的融合状态中一点点地分离出来，从而得以独立成长。

而唐纳德·温尼科特则表明，在"原初母爱贯注"的照料下，婴儿用非语言信息传递的自身需要能够被母亲无缝地理解并满足，婴儿便会有"主观全能感"产生，感觉只要自己有愿望，整个世界就会被创造出来。

但是，随着婴儿的成长，母亲会从这种"代理自我"的状态中慢慢撤退，孩子也会痛苦地发现，愿望并不总会实现，有些事情也需要母亲之外的他人的帮助才能够完成。但也正是在这样的过程中，孩子的"自体"慢慢实现成长。

也就是说，我们的成长要先"有"再"破"。对于有更早期创伤经历的人来说，他们在"有"的阶段就存在着匮乏的"无"，譬如被遗弃、母亲死亡、没有得到悉心的照料等；而另一些人的困境，则在于一直处于满足的状态，无法通过经历"挫折"来实现自体的分离与成长。

科胡特早在1960年就曾提及，被过度宠溺的小孩儿，他们因为没有经历过"恰到好处的挫折"，大量的自恋和全能感被保留了下来，但是又没有真实的技能与全能的自恋相匹配，因而又会感到自卑。

文中的小宝就有这样的问题，这种现象并不少见。小宝作为儿子，在家庭中处在一个不可动摇的"小皇帝"的地位，并且，父母对他的过度满足一直持续到了成年以后。

而"无条件满足"通常存在于婴儿期，因为此时婴儿是最脆弱，对外界也是极度依赖的，所以需要照料者（主要是母亲）无条件地满足婴儿的各种需求，帮助其在身心上调整到比较舒适的状态。

随着孩子自我功能慢慢提升，他们开始能够逐渐靠自己的力量来完成内心的愿望了，于是，孩子自我依赖能力逐渐提升，母亲也能够一点点地退出，渐渐恢复自己作为独立成人的自我需要。

当然这是互为因果的。母亲未及时满足孩子的需求（非创伤性的），可以理解为对孩子一点点地放手，会导致孩子受挫，孩子受挫以后心理结构的转变内化又能够增加孩子对挫折的承受力；反过来，孩子在成长过程中的自我增强，又能够让母亲进一步放手，让孩子独立出去。

当然，随着孩子年龄的增长，他们所需要面对的情境会越来越丰富，复杂度也会越来越高。但无论如何，从抚养的角度来讲，本质上是父母要能够帮助孩子成长为一个身心独立的人，有力量去扛住外部的风雨，承担起作为一个"成年人"的责任。

而小宝父母的问题在于，他们始终将小宝放在了一个需要被宠溺的"孩子"的角色中，一种"要什么有什么"，甚至还没有主动开口要，一个眼神，自己想要的东西就"飞"到面前的全能未分化状态里。但小宝的实际能力与他所得到的是不匹配的，因为他的父母始终在作为他的"辅助性自我"帮助他实现愿望，而不是依靠他自身的力量。

但小宝的父母毕竟不是"全能王"，总有力所不能及的时候。所以，终究不能帮他直升大学，即便给他找了工作，也需要他自己勤勤恳恳地付出才行。小宝的"夸大自体"，终归要面对现实的打击。而在父母"爱"的名义下，小宝的自我能力与自我承担又始终没有发展出来，他妈妈也一直否认现实，将问题"向外归因"成环境或他人的错。

美国社会心理学家伯纳德·韦纳（Bernard Weiner）发现，青少年和成年早期的个体可能会将成败归结为四个原因：能力、努力、任务难度、运气。其中，能力和努力为内部原因，任务难度和运气为外部原因；能力和任务难度是稳定的因素，努力和运气是不稳定的因素。而小宝的能力不够，努力又不足，还始终躲在父母的羽翼之下，所以根本无法作为一个成人"立"起来。

当然，这种情况并不仅限于"妈宝男"，也并非宠溺的养育方式就会带来"啃老"的结果，一个人的现状终究是先天特质和后天环境的综合造就的。

▲ "妈宝男"源于过度满足

当我们谈论"妈宝"时，我们还是需要论及在兄弟姐妹间因为父母宠爱的差异，所造成的在手足间"过度付出"与"过度索取"的不公平的平衡，因为，这种现象并不少见。

我所喜欢的作家李娟在《冬牧场》里，描写了她跟随熟识的哈萨克牧民居麻一家深入新疆阿勒泰南部的冬季牧场生活的经历。让我特别印象深刻又特别心疼的，是居麻十九岁的女儿加玛。

加玛十四岁时，大她两岁的有绘画特长的姐姐乔里潘想去伊犁学画画。因为居麻家境贫穷，为了支持乔里潘的梦想，加玛不得不辍学，跟着爸爸去放羊。也因为她的牺牲，姐姐和弟妹们得以继续学业。加玛是个美丽善良、聪明能干，而又自卑胆怯的女子，一直都没有个像样的人家提亲……

与"妈宝男"的无法独立相反，很多像加玛一样的孩子（尤其是女孩子）会在还需要依赖大人的年纪就过快地成长为一个"小大人"，过早地承担起本不该他们承担的家庭责任来。而这种承担，剥夺了他们本应享有的东西，使得尚需要被父母支持的自体反而要去支持父母。

　　并且，他们的人格还在成长中，这种无法依赖他人只能被他人所依赖，牺牲自我以满足他人，抑制自己的需要和权利，和其他的兄弟姐妹相比产生的自卑感等，都会渗透进他们的人格中，影响他们成年以后的人际互动模式和自尊水平。

　　而在被姐妹所簇拥的独子家庭中，尤其是为了生一个儿子，而连生好几个女儿的家庭中，父母的爱往往会完全偏向这个儿子。姐妹们的存在和需要被忽视，她们作为女性是没有价值和地位的。家里所有的财产都是儿子的，甚至因为儿子上学念书，姐妹们受教育的机会都被剥夺，从而需要提早出去挣钱。

　　有的女孩子虽然在现实层面没有被这么严重的剥夺，但在物质和情感层面，被放在了不重要、不被爱的地位。就像小宝的两个姐姐，即便小宝吃甜食吃到满嘴蛀牙，她们也没有因此而分得更多。当然，这里未必完全有性别之分，但受传统性别观影响，这种差别对待会很明显。

　　于是，在自体成长的维度上，就会出现"虚胖"和"干瘪"并存的现象。被过度宠溺的孩子，因为缺少"恰到好处的挫折"，而变得自以为是、以自我为中心，他们能毫无愧疚地索取，但实际的能力又不能和所得相匹配；而过度匮乏的孩子，因为无枝可依，只能自强自立，但内心却充满了低价值感与没人爱的自卑感，只能通过任劳任怨、看人脸色来获得一些自我认同感。

　　当然，这里并非简单地一分为二，也可能会有特殊情况。就像居麻的小儿子扎达，作为唯一的男孩儿，他是一家人的重心，被父母和姐姐所宠爱着，但也并未恃宠而骄。

所以，从自体成长的角度来说，如何让"虚胖"的自体变得更结实，能扛得住打击，让"干瘪"的自体变得更丰盈，能卸得下重担，非常重要。然而，以"促进孩子的人格成长"为目的来爱孩子，并不是一件容易的事情。

就拿张阿姨和老吴来说，他们至少可以从教小宝分享零食开始。虽然分享的是零食，但对小宝的姐姐们来说，她们感受到的是父母均等的爱，同时，这也能帮助小宝从"独占之爱"到"分享之爱"转化，并慢慢"长出"抵抗挫折的能力来。不仅零食，其他可分享的物品也可以达到同样的效果，比如文具。

而从"付出"与"获得"的角度，父母需要让小宝明白，一分耕耘一分收获，学习成绩是天分加努力的结果，他需要自己经历磨难和挫折，成年以后根据自己的力所能及在社会上谋得一席之地，父母并不能代劳。

而很多时候，父母根据自己内心的好恶，而非孩子的本来样貌来区别对待孩子。同时，孩子无法独立，又往往牵涉到与父母不能分离。

"妈宝男"们就像长不大的孩子，往往无法撑起作为成熟男人的脊梁，为爱人遮风挡雨，为事业拼搏进取。所以，"妈宝男"的父母们，"以爱之名"所进行的养育，究竟是"爱"，还是"害"？

3

"学霸"的自负与自卑

"我感觉整个人，就像油灯燃尽了一样，一点儿力气都使不出来。"

孟莲深陷在沙发里，显得疲惫不堪。

"当我昨天把博士延期毕业申请书交上去以后，出得门来，觉得连空气都在嘲笑我的无能与无用，我不知道爸妈要是知道了，他们会怎么说我。我每天都很焦虑，整晚整晚地睡不好觉，有时半夜惊醒，又爬起来打开电脑，但看着一堆数据，仍然一个字也写不出来。"

孟莲从小就属于"学霸"型女生，始终都是稳稳的班级前三名。孟莲一直都是父母的骄傲，但她的内心其实充满了对他们的怨恨。

孟莲在南方的一个地级市长大，父母从小就对她要求严格，尤其是作为小学数学老师的父亲，整整六年，孟莲就被他管在了眼皮底下。记忆最深的一次，孟莲上四年级，因为考试的那天发烧，期末考试考了全班第七名，父亲二话没说，直接把她揪出去，让她跪在家门口。孟莲直到现在都还记得邻居们经过时异样的目光，那目光就像针一样扎在她的心窝。后来，孟莲再也没考过前三名之外，但那种强烈的羞辱感，深深地烙在她的心上。

"他们对我要求那么高，可他们自己又都干了些什么呢？"

孟莲心怀不满："我妈成天在外面打麻将，我爸成天在家里给学生补课，吃完晚饭以后，他们就各赴'战场'，把我一个人关在房间里，还不能出声。那时候我大概只有三四岁吧！就一个人抱着洋娃娃自言自语，有时候迷迷糊糊地睡过去，醒来以后，身边还是空无一人，那个孤独呀！"

孟莲回想起幼时的无依无靠，煞很是伤心。

孟莲高中选的理科，考了一个听上去很尖端但应用范围很狭窄的专业。本科毕业前，想也没想就报了硕博连读，一路走来，就这样成为了传说中的"女博士"。

但其实孟莲读到博士阶段，就已经感觉力不从心了。用她自己的话来说，那是一种"耗竭"感。"感觉自己的能量快要用完了，但一直都没有给你加燃料的人。"

"导师能帮你忙吗？"我问。

"导师？他是让我更忙的人，忙着给我安排各种活儿。"

相较于在学习上的强悍，孟莲是一个特别不擅长处理人际关系的人，不敢争取自己的权利，不会表达自己的需要，不懂拒绝别人的要求，总怕招致别人的不满。

"那你能撑到今天，真的很不容易了。"我说。

孟莲默默地流下眼泪，一句话都没说。

▲有一种防御，是用高智商塑造"虚假自我"

我们在第二篇情绪章节，曾经谈论过海因兹·科胡特关于"自体客体"的重要概念。

对于成长中的孩子来说，他们的自体凝聚力和自我功能还没有发展成熟，自尊还不太稳定，也没有足够的能力独立生存，尚需依赖父母的支持与照料；而对于父母来说，作为"自体客体"，帮助和促进孩子的自体稳固是很重要的。

孩子从父母的陪伴和保护中，借助父母强大而稳固的自体增强自己，并且在父母的肯定、镜映、欣赏的态度中，内化父母眼中自己的"好"，进而产生对自我的价值认同。

但如果父母的养育以忽视或指责为主，那么一方面孩子无法通过依附"好客体"来提升自体，另一方面孩子会从父母的态度中内化"无价值"的自体和"严厉"的客体（超我）。

孟莲属于后者。从她的描述来看，她早年存在没有得到足够保护和情感被忽略的经历。对于一个三四岁的小孩儿，被独自放在房间里，一来有安全隐患，二来孩子还小，自体脆弱，当分离时间超过孩子的承受力，就有可能造成"创伤"了。这种情况下，也许无可依靠、冷漠的坏客体会更多地占据孩子的内心。

而在她进入学龄期开始读书以后，以父亲为代表的严厉超我成为她日常生活中的主要客体类型。在父亲的严厉目光下，孟莲体验到的自己是"不够好"的，并且"有条件的好"的要求是相当高的。虽然父亲以体罚的方式让她保持在了所谓"好"的位置上，但其实代价是相当沉重的。

温尼科特曾经论及高智商与假自体之间的关联：将大脑发挥到最大限度，意味着某种程度的剥夺，因为这些智力是心神不宁、缺乏安全感的，在拼命使用智力的同时，也随时在担心着智力的不足。他们用高智力来解决问题，往往会构建一个"看上去很美"的假自体，但他们的真实存在却正被痛苦折磨。

孟莲的状况就是这样。当她抱病考到全班第七名时，她已经尽力了，这一点需要被看到和肯定，但她真实的自己却因为父亲的行为而贴上了"羞耻"的标签，于是，她不得不将智力发挥到极致，构建一个虚假的自我，去争取父亲的认可。因此，她的高智商成了一种防御，让她不用去体验痛彻心扉的、因自己不够好而产生的羞耻感。

当然，从世俗成就的角度来说，这里有某种程度的"正向"意义。但更大的危险在于，当一个人的自我功能不再能够达到严厉超我的要求时，自体可能会崩塌掉，就像孟莲目前所处的困境。

每个人都希望自己能够被接纳、被爱。但是，随着年龄的增长，我们不可能再像婴儿那样被完全无条件地爱，总得去努力做点儿什么才行。但如果"有条件的爱"的"条件"过于苛刻，譬如像孟莲这样，只有永远在前三名才可以，那么，随着竞争的层级越来越高，对手越来越强，压力越来越大，她保持良好自我感的代价也将越来越大。

到最后，她可能会搞不清楚，究竟什么是自己真正想要的和能够得到的，什么是为了获得外界肯定而不断"压榨"自己换来的。这也是一种严厉超我的内化。虽然孟莲已经成人，离开了父母，但父母对她的不满意就像鞭子一样，借她自己的手不断地抽打着她。

通过惩罚来进行教育的方式，有点儿类似于涸泽而渔，看上去获得了短期利益，但从更长远的视角来说，这是以损毁一个人的自我价值感为代价的。因为不断"超越自我"获得更高成就的背后，是以"你不好""你还不够好""你仍然不够好"作为驱动力的。

这种"不够好"就像小虫子般不断啃噬着一个人的内心，并会泛化到日常生活的方方面面，如果没有够完美、够优秀，抑郁的体验就会席卷而来。

我们知道，抑郁是在丧失被触发时唤起的，而如果一个人"有"的要求是如此之高，那"无"的失落也就会非常普遍了，相伴的羞耻、内疚、悲伤等"坏"情绪，也就会被不断地唤起。而这些痛苦的情绪体验，又会反过来损耗我们的自我功能，最终带来恶性循环。

难道父母辛辛苦苦培养一个孩子的目的，就是把孩子培养成一个"病人"吗？

▲一条通往"真自我"的路

自负与自卑就像一枚硬币的两面。表面自负的背后，可能是自卑感，而表面自卑的背后，可能是骨子里的自负，就像跷跷板一样，在内心里荡来荡去。但无论如何，里面都涉及未整合好和未分化好的自体。

而自信之人，其实是有着对自己身份和价值的认同，有着相对凝聚的自体和健康的自尊，与人相处时会有一种平等的淡然，姿态既不会太高，也不会太低。

我们在前文谈到过，自尊作为自我的评价系统，是在人际互动的过程中慢慢形成和建立起来的。对于蹒跚学步的幼儿来说，他们的自我功能很弱小，对自我的评价也很不稳定。

上一分钟，孩子能够挣脱妈妈的双手走两步，就让孩子的自我感飞到了天上；但下一分钟，他一屁股坐到了地上，自恋的受挫又让他哇哇大哭。也就是说，这个时候，孩子的自体还处于比较"分裂"的状态，在好与坏、骄傲与羞愧之间来回摆荡。这就是孩子正常的发展阶段，并且其自我感会很大程度地受到外界评价的影响，并以此慢慢地构筑出自体来。

如果外部的回应更多的是以孩子为中心，则孩子长大以后，

"真实自体"的部分会更多；而如果是以照料者为中心，则孩子需要不断地"歪曲"自己，以适应外部的好坏标准，则"虚假自体"的部分会更多。

对于前者，孩子更容易从他人的评价系统中挣脱出来，因为外界对自己真实的存在是有确认的，内外达成了一致；而后者的情况是，这个孩子不能从外界的反馈中看到真自我，那些自我的部分蛰伏了，同时，他的"虚假自体"是被他人的目光所塑造的，无法从环境的评价中分离出来，作为一个独立的稳定的存在，因为如果没有那些评价，"我"就没有了。

但他人的评价是不可控的，所以这些人的自体始终无法统整起来，而是被肯定了就飘到天上，觉得自己全知全能，被否定了就摔到地上，觉得自己一无是处。

夸大自体（自负的）与卑微自体（自卑的）就处于钟摆一样摆荡的状态。

对孟莲来说，她之所以陷入抑郁，是因为她一贯的防御机制不再奏效了，博士毕业的延期就像小学四年级的第七名，扯掉了她所有的遮羞布，让她跌入了自卑的谷底，即便她已经非常优秀了。想一想，有多少人能考上硕士，又有多少人能读到博士？即便博士毕业要延期，也是一个正常的现象。但是早年成长环境所构筑的评价系统和自我认知是根深蒂固的，即便有大量相反的事实摆在眼前，人们也仍然会固守既有的信念，认为自己是不够好的。

虽然我们说，成长的目的是要"成为你自己"，但其中的复杂之处在于，如果没有他人这面镜子的镜映，我们无法认识自己，但如果完全相信他人镜子里的就是自己，我们又会迷失了真实的自己。

就像希腊神话中的纳西索斯，他的母亲听信了先知所言，害怕他早死而不让他认识他自己，而纳西索斯又因为英俊的相貌得到了大量的赞誉，他因此相当自负。但自负的下面，是空洞、自卑与惶然，因为他的自尊是建立在他人目光上的，他并没有看到和接纳自己真实的样貌，以及生命起落的无常流动，那么等到他年老色衰、赞赏不再时，势必将跌入抑郁的谷底。

"真自体"和"假自体"其实是一个流动的连续谱。温尼科特曾经将其划分为极端的、不太极端的、趋向健康的、接近健康的和健康的五种状态。

在最极端的状态下，一个人的真自体完全没有发展出来，而是用假自体构建了一个别人认为是真实的自体，这个虚假自体是适应不良的；在不太极端的状态下，假自体保护着真自体，真自体秘密地存在着；在趋向健康的状态下，假自体会去寻找机会，让真自体成为它自己；在接近健康的状态下，假自体建立在身份认同的基础上；而在健康的状态下，假自体代表的是对社会规则的认可和适应。

对孟莲来说，她身上真实存在的和适应外部评价的部分自我并存着。一方面，她有足够的自我功能支撑她实现自我理想，这是她所拥有的资源；另一方面，她在尽力的情况下所带来的结果需要被看到和肯定，就像她小学四年级在发烧情况下考到了全班第七名，即便不够好，可那是她努力的结果。

当这种"看见"存在时，孟莲的努力就是"以自我为中心"的努力，她发挥自己的潜能并接受因此带来的结果，可能不会永远保持成绩前三名，但这会是一种可持续的发展。

而孟莲实际的状况是"以他人为中心"的努力，以自我功能作为"工具"，来符合他人的评价标准，进而获得自体的自尊感。

也只有在"以自我为中心"努力的情况下，孟莲才能够更自由地选择自己的职业理想是什么，以自己的学业水平可以考到什么样的学校、什么样的专业，以及需要读到什么学历，而不是在"只有最好，才算够好"的潜意识力量的推动下，被动地选择顶尖的专业、顶尖的学历，直至耗尽自己最后的力量才罢休。

我们每个人都希望自己是有价值的、能够被他人喜爱和接受的，但很多时候难点在于，我们并没有作为一个整体而被接受，而是以功能高低被划分成了三六九等，我们据此来定义自身的价值。

但是，这终究不是一条通往"真自我"的道路。

或许，当我们不再把功能性的自我作为自我价值唯一的评判标准，当我们得以从社会建构的种种虚幻中挣脱出来，当我们能够做到"人"和"人"的真实连接和相处时，我们才真正搭上了那趟开向"温暖"的火车吧！

4

▲

4

"中国式好人"总是习惯攻击自身

林最近做了一件让周围的人大跌眼镜的事情。

林是一个公认的"好好先生",在单位勤勤恳恳、加班加点、只管付出不问回报,回到家买菜做饭、呵护老婆、疼爱孩子。很多人都羡慕他妻子找到了这么一个好男人,既能赚钱,又能顾家,哪怕加班再晚,第二天都会一大早爬起来把一家人的早饭做好。

可就是这么个男人,前段时间在公司的月度工作会议上,当着所有中层领导的面,怼了公司总经理,理由是公司重视销售而轻视技术,看不到技术人员的付出,把一些功劳算到销售部门,对自己所在的技术部门则要求多,批的预算少。销售部门的领导解释了自己的看法,也被林狠狠地怼了回去。

"虽然把他们吓了一跳,"林朝我眨了眨眼睛,"但我自己还是觉得挺痛快的,感觉内心压抑了很久很久的东西,终于找到了一个发泄口。"

林天生胆子就小，敏感怕生。他最早的记忆是在房间里到处乱窜，时不时听到背后妈妈的一声大吼："宝宝，危险，不能动！"这犹如晴天霹雳般，把林的胆子吓得更小了。

林的母亲是一个看上去很有威严的人，里里外外都是一把手。但她在儿子面前，会特别注意维护丈夫的形象，从小就教导林："不许对爸爸有任何的不恭，也不可以反驳爸爸所说的任何话。"

林是一个品学兼优的"好"学生，父母因为工作很忙，从上小学开始，就给了林一把大门钥匙挂在胸前，让他"不要贪玩、不要惹事，放学就回家"。有时，面对同伴一起去玩儿的邀请，林很是心痒，但他还是会准时回家，自己做作业。

再大一点儿，林学会了做菜，这样爸妈回来就可以吃上热气腾腾的饭菜了。爸妈因此对林一直都很满意，也经常会在左邻右舍、亲朋好友面前夸赞林听话懂事。林的心情很复杂，虽然被肯定还是让人高兴的，但总觉得自己一直被束手束脚，周围有无数双眼睛在盯着自己，让自己不能有一丝松懈。

"就像从来没有过青春期一样，"林说，"其实我小时候最羡慕的，是我们班的那些所谓的'差'生，他们打架闹事、捉弄女生、被老师罚站。我觉得他们活得比我自在多了！"

▲攻击性，是生命内在最原初的动能

温尼科特认为攻击性等同于活力与动能。

当胎儿还在娘胎里的时候，对妈妈的拳打脚踢，就是孩子最原初攻击性的呈现。但这种"攻击性"，是无好无坏、无善无恶的，而是一种生命活力的呈现。

孩子出生以后，要用嘴去吸吮乳房，用手去抓握东西，用脚去踢东西等，这些也都是孩子的原初攻击性。

再大一点儿，孩子会爬会走会讲话了，也开始有自我的力量感去做些之前无法做的事情了。譬如，把玩具扔得到处都是，把妈妈的书撕了，对不想要的东西也更有力量说"不"了。再大一些，尤其是男孩子，可能会和小伙伴们发生冲突，甚至会去打架。

这些都是孩子最原初的动能，影响着孩子处理其先天的攻击性的方式。就像温尼科特的比喻：谁能说出火在本质上是建设性的，还是破坏性的？在好的环境中，攻击性作为一种有用的力量被整合进个体的人格之中，参与工作与游戏，但是在不够好的环境中，攻击性会变为暴力与破坏性。

所以，这个里面有两步，第一步是孩子的原初攻击性是否被允许释放出来；第二步是这些攻击性是否有一个"好"的抱持环境将其转化成建设性的力量，还是在一个"坏"的环境里转化成了破坏性的力量。

孩子最原始的本能攻击性，通常都会"无情地"指向自己最亲近的照料者，主要是母亲。而对于被婴儿"使用"着的"客体母亲"来说，能够在孩子的攻击里"幸存"下来十分重要。因为对于尚未意识到母亲是一个独立完整、有血有肉的人的婴儿来说，如果母亲能够承接住他天性中的攻击性能量，他便敢于大胆而自信地释放生命本能。

婴儿原初攻击性的被抑制，最早可源于哺乳期缺乏一个有回应的母亲在场。例如孩子想吃奶的时候妈妈不在身边；或是妈妈抱着孩子的时候像在抱一块木头，无法及时满足孩子吸吮乳房、抓握踢打的需求。

当孩子向外攻击的力量没有一股可以与之建立连接并给予响应的外在力量，慢慢地，这股向外之力便会慢慢地退缩回来，并郁积在心中，或者是转而攻击自身。

而随着孩子逐渐长大，他们开始有力量去做一些打破规则、挑战大人的事情。如果在这一过程中，孩子被过多地贬低、指责，大人过多地以权威之名进行压制，或者因为担心孩子"出事"，而不让孩子做这做那，对孩子施加太多的控制和道德化的要求，告诫孩子只有"听话的乖孩子"才是被接受的，那么孩子自发的力量就会受到抑制。

就像前文的林，在孩子的运动技能快速发展的时期，林在这方面的发展因为母亲对安全的担心而受到了抑制。在男孩子们都去打架、做"坏"事、调皮捣蛋的年纪，林反而成了一个顺从的"好"孩子。虽然林在成年以后，工作生活"顺风顺水"，但在其中压抑着的是无处释放的"坏"，并最终在一次意料之外的事件中全面爆发。

如果说攻击之力犹如洪水，治水之方，重要的是"疏通"而非"截堵"。而疏通之力，既需"善巧"，又要有所"升华"。因为我们的原初之力，通常是粗糙、原始而"本我"的。可能是男孩子之间的打群架，可能是装病不去学校，可能是掰了邻居家的玉米……它们是我们即好又坏的天性中不可或缺的组成部分，但如果只是任其肆意流淌，且不说是否会对他人及社会造成危害，就我们自身的存在而言，仅仅只是满足"本我欲望"，似乎也是某种生命的缺憾。如果能够因势利导，让这股"原动力"转而投入到更具建设性的"自我实现"的满足上，整个生命的质地亦会大不相同。

所以，环境因素对于孩子攻击性的发展是有影响的。温尼科特在对具有"反社会倾向"的孩子的理解上，有其特别的贡献。这项工作始于他在第二次世界大战期间对战时儿童的疏散工作中所观察到的青少年儿童的反社会行为。

他认为偷窃、撒谎、破坏等行为，是孩子在成长过程中对良好的养育环境的断裂（例如，因为战争与父母分离）发出的求救信号和心理补偿机制，因为他们的内心暗含着"环境是亏欠我的"态度。而与之相反，我们所谓的"中国式好人"，似乎太压抑自己的需要，反而是抱着"亏欠他人"的心态去满足他人了。

▲转向自身的攻击

梅兰妮·克莱因曾经谈到过"抑郁焦虑"的概念，并将其连接到罪疚感和修复倾向。

克莱因认为，在生命最初的3~4个月里，婴儿还没有能力将照料者视为一个完整的客体，而是与"乳房"建立起部分客体的关系来，又根据满足与挫折的不同体验，片段性地将其分裂为"好乳房"和"坏乳房"。

鉴于生物天性中被毁灭的焦虑，当挫折经验发生时，例如奶没喝好，婴儿会感觉到被迫害的恐惧，并会将自己排出的大便等物作为"炸弹"去反攻"迫害者"，克莱因将这一心理发展状态称为"偏执—分裂心位"。

而在4~6个月，婴儿自我的整合有了很大的进展，爱与恨有了更大的整合，母亲也慢慢被视为一个既好又坏的完整体，当爱的力量超过恨的力量时，婴儿冲突的情感会得到调和，冲突的部分会更加紧密地聚拢。当婴儿意识到自己所爱的客体会因为自身的攻击而受到伤害时，就会产生罪疚感，进而产生修复伤害的倾向，克莱因称其为"抑郁心位"。

温尼科特则尤其谈到了母亲的稳定存在，她在婴儿的攻击中存活下来有助于婴儿的内心从冷酷无情转为同情，从漠不关心转为担忧。

这是人格成长的特定过程，由不顾及他人的肆无忌惮，发展到更为整合的"抑郁心位"之后，对自己会伤害到他人的共情与担忧，并基于自身需求和道德规则建立与外部客体之间的边界。慢慢地，我们在自体与客体之间建立起一个弹性的边界，既能表达自己的要求，又能尊重他人的需要。

如果"自我的疆域"从小就没有拓展开来，早至母婴阶段照料者不稳定的存在、愿望的未被满足、身体伤害的持续发生等，则最早的客体关系里建立起来的就是具有迫害性的、抛弃性的坏客体，便成为严厉冷酷的"超我"最初的样貌。

再到孩子两三岁能走能跑时的被限制，以及进入规则训练时的过于严苛，还有就是接下来的俄狄浦斯阶段，"弑父娶母"冲动的再打压。在不同的发展阶段，孩子有不同的"攻击性"需要。如果这些表达被拒绝、忽略，甚或让照料者很受伤，抑或因为受伤而反击，那么就有可能使婴儿在成年以后的人际关系中存在难以表达自我要求、不敢拒绝、害怕冲突等状况。

对于林来说亦是如此。一方面，他有着天生的焦虑，需要更多的鼓励、肯定和推动；另一方面，妈妈的管教方式又增加了他的不安，例如担心他受到伤害而不让他乱跑乱碰，这样只会加剧他对自己行为可能带来的后果的不安。

其实比较恰当的方式是给他提供一个比较安全的空间，让他可以自由地玩耍，即便跌了撞了也没关系，这样，他就能在没有实质性伤害的跌撞中体会到自己能力的局限性，以及自己的攻击性，并不容易伤到他人。

又如，妈妈为了建立爸爸的权威性，而让他顺从。诚然，我们需要让孩子理解，父亲作为一家之主，拥有保护家这个美丽港湾的力量。但如果我们能接纳孩子与父亲的对抗，并且父亲没有被击垮，孩子也没有因此受到责罚，这会让孩子在未来的人际关系，尤其是与权威人士的相处中，更自信地表达自己，而不至于担心自己的攻击力太具伤害性，或者担心别人的反攻太强，导致自己被灭掉。

不仅如此，林的父母还特别要求孩子"乖"，但事实上"惹是生非"对青春期的孩子是有特别意义的。这是一种建立关系的方式，也是对同伴关系边界的探索。因为在"进攻"的过程中，孩子们一方面体验到自己的力量对别人的影响，另一方面也可以慢慢清楚自我与他人的边界，什么可以做，什么不可以做。

"攻击"他人也是一种对"联结"的破坏，如果孩子发现自己的力量并不足以"毁灭"他人，也不足以破坏关系，因为他人有足够的承受力，也有自我保护的能力，并且即使关系受到了损害，但仍然是能够修复、甚至重归于好的，"联结"的力量还是大于"损毁"的力量的，那么成年以后，他就敢于表达自我而不担心会伤害他人、破坏关系。

对于习惯向内攻击的"好好先生"来说，他们在人际关系中的过于自责，不敢争取自己的权益，主要有以下方面的担心：担心自己的需要或攻击会让他人承受不了而垮掉；担心自己的需要会成为他人的负担；担心自己的需要或攻击被拒绝或反击从而让自己受伤；担心自己的需要或攻击让他人觉得不舒服而不再喜欢自己；担心冲突以后的关系破裂等。

而一个人之所以会有这样的担心，往往是因为其在成长的相应阶段，该去尝试的体验是缺失的，或者这些体验带来了创伤性的回应。那么在成年以后，他对于在关系里的过度付出而鲜有回报的情况，虽然也会有不满，但是却很难表达出来。

一方面，是因为他已经习惯了；另一方面，做出改变的话，内心会有很大的恐惧，不知道自己的力量爆发出来会不会伤害他人，会不会破坏关系，会不会带来不可掌控的后果，因为这一切，都是没有经历过的。

在很多时候，未知的恐惧要大于已知的痛苦。

但无论如何，作为成年人，我们都有自己的需要和不满，不可能无休止地牺牲自己满足他人。因此，在过度讨好他人（其实是对于内心攻击性的反向形成）的人身上，往往会出现被动攻击或置换的现象。

在前一种情况中，他们会做出一些让别人的内心觉得很不舒服，但表面上又抓不到任何把柄，也无法回击的事情。而后一种情况，他们会将愤怒指向没有威胁性的人或动物，譬如孩子和宠物，或与自己没有实际利益关系的人，林的情况有点儿类似于这种。

但某种程度上，这也是一种向外攻击的尝试。只是作为成年人，难免要为自己的行为负责。所以，最好还是让我们的需要和攻击性，能有一个正常的出口。

"攻击性"作为我们天性中的巨大能量，需要被发现、被接纳、被引导，让它在我们的生命中慢慢发挥其所独有的效能吧！

5

追名逐利背后的"自我迷失"

"感觉就像个陀螺一般，需要用绳子不断地抽打着自己，一刻也不敢停下来。"利这样描述自己工作的日常。

利是一家乐器行的老板，从小拉二胡的他，小时候的志向是成为一名二胡演奏家。但他爸死活不肯，觉得音乐这东西，当作爱好是可以的，正经当职业却是不行的。所以利读完初中以后，他爸就把二胡锁到了柜子里，让他"好好学习，天天向上"。利的高考志愿也是他爸填的，选的都是当下热门的专业。因此，利后来上了一所知名高校的国际贸易专业，毕业以后进了一家外贸公司做进出口业务。

但做了几年后，利越来越觉得自己只是机械地上班下班，每月到日子领工资，实在无法生出对工作的热爱来。无聊之际，利想重拾旧爱，就跑去市里最大的琴行买二胡，恰巧看到他们招募营销人员。利心里一动，就直接找到他们门店的经理，毛遂自荐起来。就这样，利辞掉了原来的工作，做起了乐器销售。

利的脑子活，很擅长揣摩家长的心理，再加上自己小时候拉过二胡，也能和小朋友聊点儿音乐，所以他的业绩很快就噌噌地往上涨。不仅如此，利还拓展了培训业务，策划了多场老师与琴童们的音乐会，把市场做得有声有色，很快就被提拔成了营销经理。

但是几年以后，利又不满足了，觉得与其给人打工，不如自己当老板，就辞职自己开了个乐器行。虽说资金、规模有限，但利凭着出色的经营头脑，还是闯出了一些名头，并在一位合伙人加入以后，准备加速发展，开展连锁经营。

"但现在突然发现，不知道自己在干什么了。"

利苦笑着说："当初想做乐器销售，是因为觉得既可以和自己喜欢的音乐在一起，还能赚到钱，所以挺不错的。但真的进入这个行业以后，才发现除了卖的东西不一样，乐器这行本质上和我原来的行业没什么差别，都是为了钱财和名利嘛！

"再说了，真正喜欢音乐，有天赋、吃得起苦又耐得住寂寞的人有多少？很多人都是因为父母的焦虑，因为学校里大家都在各种'比'，或是从功利的角度，为了艺术特长生的加分政策、为了考级拼命练技术，而我们的业务方向，也只能跟着市场的需要走了。"

利已经好长时间不拉二胡了，用他自己的话来说，已经没那个心境了。虽然夜深人静时，他也会从CD架上抽出一张来追随一下大师的脚步，但终究，他觉得距离自己年少时的鸿鹄之志越来越遥远了！

▲自我实现与双极自体

海因兹·科胡特谈论过关于"双极自体"的概念，一极为雄心，一极为理想，就像分离的正负电极，存在着心理活动流动的"张力弧"，推动雄心、引领理想，而透过两极之间的天分与才能，达到核心的理想目标。

科胡特认为，一个孩子如果能够从其镜像的自体客体（如母亲）那里得到肯定和镜映，孩子夸大表现癖的部分便能够发展出来，雄心便因此得以发展。如果孩子能够对其理想化的自体客体（如父亲）表现出钦佩与崇拜，则理想的部分由此而生。

很多时候，这两种不同的自体客体会呈现在同一个人身上，并且一个客体的力量可以抵消另一个客体的脆弱。例如，孩子没能从母亲的眼睛里看到"闪烁的光芒"（肯定和镜映），但与坚强有力的父亲的连接，仍然能够帮助其构建强大的核心自体。

科胡特主要谈论的是一个人较早期的发展，以及建立核心自体的重要意义。关于自体的部分，是自我肯定并且不惮于表现，推动着自我实现的企图心，并有一个理想化客体的引领，可以模仿、可以追随。

从职业理想的建立与实现来说，这会特别涉及青春期的被肯定与对理想的追随过程，因为青春期是孩子们积极地探索对职业、性别角色、价值观的认同感的时期，并且，他们既会受到父母的支持或限制，也会超越对父母的认同。

利在早年时期找到了自己的兴趣爱好，并在二胡大家那里找到了自己的理想客体，初步建立了职业选择。但他对于自己职业身份的认同没有得到父亲的认可，而且他父亲在没有充分考量的情况下，就将他的理想一棍子打死，自作主张给儿子选了一条所谓的"正道"。

由于这个看似"体面"的专业和工作与利自己内心的理想和可以激发出他的斗志与热情的真实自体是错位的，所以利会觉得心里空空，没有干劲，最终，还是放弃了自己的专业，在喜欢的领域从头开始。

其实这样的情况，在现实生活中并不少见，并会以不同的样貌呈现。

除了利这种儿时有理想但被抑制了，在成年以后认同感延缓出现的情况之外，也有根本不清楚自己要成为一个什么样的人，并一直浑浑噩噩的情况，还有认同感早闭，以父母的选择作为自己的身份认同，直到接近中年，才感觉到外表光鲜，但内心空洞的情况。

美国存在主义心理学家罗洛·梅（Rollo May）在其著作《人的自我寻求》里谈到过现代人的孤独与焦虑，并引文"我只不过是许多镜子的集合，反映了其他所有人期望于我的东西"。

他也谈到那些来寻求精神分析的人："是社会传统的掩饰和防御方式对其不再起作用的人。他们通常是社会中更为敏感、更具天赋的成员；他们需要得到帮助，从广泛的意义上说，是因为相对于那些'适应良好的'能够暂时掩盖自己内在冲突的市民而言，他们不能成功地将这些冲突合理化。"

可我们毕竟生活在这个充满物欲的世界里，大多数人没有足够的力量与之抗衡或遁世出家。但至少，我们能够追随内心的雄心与理想，并运用我们的天分与技能，在这个社会里找到自己的安身立命之所在。

就拿利来说，如果他的父亲不是那么粗暴地浇灭他的理想，而是引领他在梦想与现实之间找到一条可行的道路，那么即便做不了"大师"，也可以去做老师，即便干不了专业，那文艺领域还有其他的工作可以考虑，而不至于在不适合的道路上耽误多年，所幸的是，最后命运的缰绳还是把他带到了那个他本来就该去的方向。

想想我自己也是这样。记得小时候，我很喜欢看金庸的武侠小说，他的十五部作品我都看了个遍，有的还看了好几遍。但奇怪的是，书里有那么多大英雄、大豪杰，而我最喜欢的偏偏是《笑傲江湖》里一个只出场过两次的配角——何三七。

何三七是浙江雁荡山的高手，从小以卖馄饨为生，武功学成后，仍然挑着馄饨担行走江湖，自甘淡泊，以小本生意过活。在第三回"救难"里，卖馄饨给华山派弟子们的就是他，蛮横的定逸师太对其中的劳德诺和梁发动手，伸出援手稳稳托住梁发的也是他。而在第三十二回"并派"里，嵩山派掌门左冷禅意欲成为武林霸主，谴责其用臭名昭著的杀手"青海一枭"对付泰山派掌门人天门道长"未免太过分"的亦是他。

我当时不太明白他哪里打动了我。后来，我花了很多时间跌跌撞撞地把"不是我"的部分削去，慢慢地那颗"属于我"的种子显现出自我的"雏形"，这时我才明白，他是我骨子里的"自我理想"：做个淡泊名利的"手艺人"，有本事、有胆识，不把这个"我"攀附在一个"身份"上。或者，这是我对作为木匠的父亲的身份认同，只是多年来我一直拒绝去面对。

钢琴家朱晓玫先生从不避讳她干了十年清洁工的经历，并在一次采访中说了一件趣事：她有一次去试琴，结果被人当作清洁工。她觉得很高兴，能够被当成普通人，而不是大家、明星，这样弹起琴来更容易交流。人不能太把自己当回事，该吃的苦就得吃。

他们是我的理想，但我现在还做不到，希望有一天可以。

▲顺应他人还是坚守自己

科胡特曾经论及"自体客体"这一概念的特定含义，对于尚处依赖阶段的孩子来说，他们需要重要的照料者（如父母）的共情、镜映、肯定等来支持他们自体的稳定与感觉良好，此时的自体与客体还没有分化、独立。

但如果孩子在早年的成长环境中，自体客体环境是匮乏的，譬如被否定、被指责、被忽视，甚至被虐待等，则他们在成年以后，对自我价值的确定需要"依靠古老水平的自体客体的支持而存在"。

也就是说，只有不断地努力追逐，获得外部评价系统的欣赏、认可、赞扬等，孩子的自尊才会提升，才会觉得自己是"好的"，但如果外界并不认可其价值，甚至否认或攻击，孩子就会跌入自体崩塌的谷底，陷入抑郁。

当然，这其实是一个连续谱。自体越脆弱，对古老的自体客体的需索度就会越高，也越容易因为一丁点儿的风吹草动而崩塌。但科胡特并没有建构一个完全"独立"的自体，而是谈到我们对自体客体及其功能的需求一生都会存在，只是会从与古老自体客体的联结中解放，在较为成熟的层次上更自由地选择自体客体对我们的自体进行支持。

当我们真实的自己没有被悦纳时，自体存在着匮乏的空洞，为了"填坑"，我们在成年以后会强烈地需要他人的肯定和赞赏，以获得良好的自我感。但因为"自我"是匮乏的，所以需要不断地察言观色，判断外部他人的需要，通过满足他人得到对自我价值感的确认。

这样做很辛苦，并且效果不大，因为人是善变的，并且"我"是空虚的。只有当我们自体的身份认同慢慢获得了确认，自我价值感慢慢稳固下来，自体慢慢得到统整，我们才能够在坚持"做自己"的过程中真正吸引到志同道合者，彼此欣赏，携手前行。

但做到这些并不太容易，一来，我们活在以外部评价这面"镜子"来评判个人价值的社会里；二来，"做自己"是需要天分和能力来支撑的。有些人，虽然有雄心和理想，但并没有足够的能力来将其完成，所以，并不是心有多大，舞台就有多大，而是心胸决定了我们的目之所及，力量决定了我们能够到达的地方。

对于利来说，他的困顿在于，虽然身处与兴趣相近的行业中，但其实是不断被市场化的滚滚洪流裹挟着的，所做的一切都是在朝着更大规模、更高利润，或者说更大的"我"的方向疲于奔命，从而渐渐迷失了自己的本真。

《庄子·内篇·逍遥游》里，尧想把天下让位于许由，许由回应道："名者，实之宾也，吾将为宾乎？鹪鹩巢于深林，不过一枝；偃鼠饮河，不过满腹。归休乎君，予无所用天下为！"

大意是：当我们依循真实自体的内在信念与价值前行，名利自然会来，并且会来得更踏实。其"名"不论大小，其"利"不论多少，大体是与我们的能力相匹配的，也是我们能够掌控得了的。但如果搞不清楚自己几斤几两，鹪鹩（一种小型鸟）想要整片林，鼹鼠欲饮一江水，怕是要心为形役，无所休止了。

温尼科特曾经谈论过"假自体"的不同表现，其中在健康的状况下，真自体能够自发和创造性地表达，而假自体则代表着对社会礼仪的遵守。所以，有一个稳定的内核很重要，然后再有适度的与社会规则和解与沟通的部分。

对于利来说，他需要放慢脚步，问一下自己的内心：他想要过什么样的生活，并且以他的能力，他能够做到什么样的程度。也许一间琴行足矣，以琴会友，传承真正意义上对音乐的理解与坚守。

追随自己的内心前进，与追随市场需求前进相比，会来得更慢一点儿，但也更扎实一点儿。当然两者并不是非此即彼的矛盾体，即便表达自己，也需要用市场能听得懂的语言，只不过内核不能丢。并且在前进的过程中，我们真实的存在会"被看见"，而我们遇到的挫折，只要没有达到创伤的程度，还是能够帮助我们更清晰地认识自我，并转化为更坚实的自体和更自信的存在的。

诚然，孤身前行难免心中惶惶，但那些已经走出一条路的前人们，就像矗立在远处如明灯般的"自我理想"，指引着我们前进的方向；抑或是激发我们相似感的"孪生体"，让我们知道自己并不孤独，亦非另类。

在这个光怪陆离的"镜子世界"里，我们很容易被弄得晕头转向，迷失自我。或许，我们需要阶段性地独处内省，叩问自身：我是谁？我从哪里而来？我将去向何方？

第五章

完整成长：我们此生都在成为自己

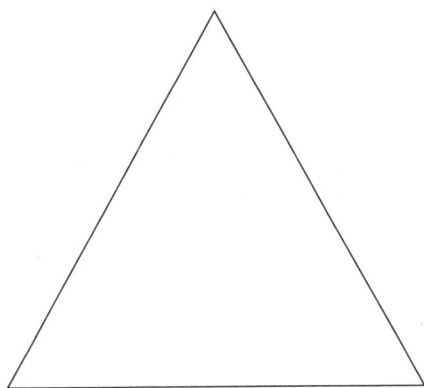

我们面对的情绪、工作和生活的困境，很大程度上与我们人格成长中的困境息息相关。所以成长之路，从某种意义上来说，是成为一个"人"的道路，是从依赖迈向分离个体化的道路，更是内在"受伤的小孩儿"战胜伤痛的桎梏、重新启动成长，最终成为一个人格成熟的"成人"的道路。

但这并不意味着这是一条金光闪闪的"康庄大道"，因为我们被困住的地方，充满着我们无法承受的伤痛。成长，意味着勇气和力量，我们需要跃入深不可测的深，直面痛不欲生的痛，穿越痛苦的幻象，如此，成长才有可能！

让我们改变能改变的，接纳不能改变的，哀悼丧失，从容前行。

5

▲

1

从依赖到迈向独立

唐纳德·温尼科特曾经从"依赖逐步朝向独立"的角度论及一个人的成长，认为一个健康的成年人能够在不用牺牲太多个人自发性的前提下完成与社会的认同。他亦认为并不存在绝对的独立，个体与环境之间是"相互依赖"的关系。这和海因兹·科胡特关于独立的概念有异曲同工之妙，也很合中国传统文化里的"中庸之道"。

《中庸》云：唯天下至诚，为能尽其性；能尽其性，则能尽人之性；能尽人之性，则能尽物之性；能尽物之性，则可以赞天地之化育；可以赞天地之化育，则可以与天地参矣。

而我们现实人格成长之路的困境在于，人之天性受到了太多的压制与扭曲，被各种异化的标准与要求所桎梏，让我们的内心无法实现真正意义上从依赖走向更自由的独立。正如温尼科特所言："在一个不成熟的，或者病态的社会环境中，个体是不可能达到完全成熟的。"

温尼科特将依赖和独立分成三类：绝对依赖、相对依赖、朝向独立。处于哺乳期的婴儿既绝对依赖于母亲，其自身的发展潜能又是独立存在的。重要的是，要有一个"促进性的环境"，依照孩子在不同发展阶段的需求提供养育，促进孩子实现其自身的潜质。

对于绝对依赖的婴儿来说，需要一个"原初母性贯注"的母亲，认同并理解婴儿的感受，保护好婴儿并及时满足婴儿的各种需要，促进婴儿形成一个"持续存在"的统整的身体自体。此时婴儿并不能觉知这一切都是母亲提供的，而是活在了要什么有什么的"全能幻想"中。

但在相对依赖阶段，母亲未能及时满足婴儿，让婴儿产生了挫败与愤怒，但同时"对逐渐失败的适应"，伴随着孩子自体与自我功能的成长而逐渐发生，这个世界平稳而缓慢地在孩子面前铺展开来。

孩子开始意识到自己对母亲的依赖，渐渐发展出延迟满足的能力，并出现了智力性的理解。温尼科特认为，这一阶段大约从六个月持续到两岁。此时重要的是，母亲与孩子的分离不能超过孩子相信母亲还活着的时间限度。

而当孩子能够以皮肤为边界，分清内部与外部，并在一系列复杂的认同过程中建立起自体与客体独立性的意识，这时，孩子便能够慢慢地朝向独立，活出自己的存在，并在社会化的过程中不断扩大自己的圈子，吐故纳新，继续成长和成熟。

对于很多在人格发展层面尚未达到真实、独立自体的人来说，因为先天气质和后天养育交错影响的过程中某些维度并未达到健康与成熟，而是固着在了较早的心理发育阶段，因此导致了情绪的紊乱，和工作、生活中的种种困境。

而修复的方法，是需要找到困境在哪里，扫除障碍，重新启动发展过程。但鉴于成人的人格已经固化，因此要实现真正意义上的人格成长，将会是一个漫长而艰巨的过程。其中，自体、自我与客体关系的发展，将是我们要关注的核心维度。

▲自体与自我

自我是西格蒙德·弗洛伊德所创建的第三个心理模型"结构模型"（本我—自我—超我）的重要组成部分，他在1923年的著作《自我与本我》中进行了比较完整的阐释，其概念比较宽泛，主要涵盖了以下三个意涵：

本我、自我、超我作为人格结构的重要组成部分，本我是处于内心深处潜意识的原欲部分；自我是从本我中生发出来的、与现实接触的部分；超我是自我在内部的分化阶段，通过内化别人的观点和认同其他人如何看待自己而形成的。

自我作为一种功能：代表理性和常识的东西，在外界压力、本我的力比多和超我的严厉性三者之间斡旋，并努力平衡彼此之间的关系。打个比方，一个男人在街边遇见一个漂亮的女人，他的"本我"想把这个女人拖到小树林里非礼她，他的"超我"认为这样是不道德的，最后他的"自我"在"外界"现实的压力下开始了递名片、送鲜花、请吃饭的求爱流程。

自我作为一种自体：与我们现在通常所说的自体有很多含义上的重叠性，包括身体自体、身份认同、主观感受等。

而如今在精神分析的语境下，当我们说"自我"时，我们主要是狭义地谈论其功能性的面向，包括自我强度、防御机制、现实检验、冲动控制等。而当我们说"自体"时，我们则是在谈论身体自体、自体凝聚力、自体同一性、自体的界限等内容。

但自体和自我并非完全独立，而是相互交织的。自体的连续性是自我力量的基础，脆弱的自体势必造成虚弱的自我，与此相应，一定的自我力量又可以促进自体的凝聚，反之，如果力量不足，则无法统整散乱的自体。

人格水平的发展与成熟，要能够将自体统合起来，使其变得更加凝聚有力。想象一下我们的身体，它只有变得更加强健，才能够抵御外部世界的风雨，我们的心理也是如此。混乱的情绪之苦，很多时候源于自体发展的困境。而自体成长的方向就是从夸大虚浮的自体、不稳定的自尊，到现实结实的自体、稳定的自尊。这样的话，我们就能够对自己有更切实际的自我认知，不至于总受外部评价的影响，导致情绪起起落落。

不仅如此，我们还需要建立起稳定的身份认同、积极的自体表征与客体表征，进而能够以一个相对一致的"我"与他人进行互动，而不至于像个"变色龙"一样，在不同的人面前呈现出截然不同的样貌。

一个人只有确立了相对清晰的性别身份认同、性取向、职业身份认同、价值观和信念，才不至于因为混乱而导致内心的冲突和纠结。

就自我的角度来讲，我们要像锻炼身体力量一样锻炼我们的心理力量，通过一定强度的专注力与耐力的训练，让创伤进行修复，让人格进行成长，并逐渐从原始的防御机制向更成熟的防御机制发展。

从某种程度上来说，防御构筑了人格。一个人的防御方式越原始，意味着其受伤越早、程度越深，应对伤痛的能力也越低级，效果也越差，与此相应，人格也就越不成熟，处理事情的方式也越不合理，痛苦自然也越多。因此，迈向更成熟和更灵活的防御，也是迈向更成熟的人格。

▲自体与客体

通俗来讲，自体指的是"我"，我之外的都是"非我"，而只有被自体投注了情感的人、物或环境才会被指称为客体。不论爱恨情仇，还是悲欢离合，是情感将"我"和"你"建立起了联结的纽带。

客体有外部和内部之分，这里讲的是外部客体。而内部客体，主要讲的是在成长的过程中，在先天气质的基础上，经由自体与外部客体反复地互动而内射在自体之上的客体表象，并经由投射而重复我们早年的人际关系模式。

这个在前面举过很多例子，常见的是从小被父母指责的孩子，内射了"严厉的"客体表征，成年后见到权威，也很容易将"严厉"投射到权威身上，即便该权威并非如此。

自体与客体也是相互交织、密不可分的，没有客体的存在，不论是生理的还是心理的自体都无法存活、成长。比如，脆弱的婴儿，离不开客体母亲的照料。温尼科特曾说过："从来就没有婴儿这回事儿，他们势必与照料者同时出现。"作为尚不能独立的孩童，他们的确需要能够建立起"促进性环境"的客体存在。

所以，后天养育给孩子的自体成长造成的困境，主要体现在外部客体没能提供恰当的环境，因此造成孩子的人格发展阻滞。

只是，当我们从客体关系的视角来看待一个人的心理成熟度时，更多的是以人际关系来作为着眼点。从发展的角度来说，母婴最初是不分彼此的融合状态，婴儿内部和外部的界限是不清晰的。这样在关系中，婴儿很容易被外部的风吹草动干扰到情绪，并在关系中产生丧失自我的被吞噬感，因而也很容易从关系中退缩与隔绝。

而当孩子长到两三岁，能走能跑开始说话时，他们慢慢地分离出你、我的概念，分辨出好、坏的差异，但这时他们对于自体、客体的认知还不稳定，比较容易处于要么好要么坏的分裂状态，并引发极端且不稳定的情绪。

随着孩子慢慢成长，分裂的部分渐渐统合，好与坏的自体表征与客体表征统整起来，对于不确定的容忍度越来越高，情绪也变得更加平稳。

以上，是从客体关系层面上讨论孩子大体的发展模式，如果孩子早年在相应的阶段有创伤，则可能会固着，并引发成年后在人际关系上的问题。

内在的客体关系模式对外部人际关系的影响，就是连接内在的自体表象和客体表象的情感体验，以及两者互动过程中的行为模式。其中"自体表象"是被涵盖其间的，这和"自体"的部分既有关联，同时又各有侧重。

打个比方，一个有自恋问题的人，其内部的自体和客体表象是没有统合起来的，当自己的言行得到重要他人的肯定和欣赏时，自体和客体就建立起了彼此"够好"的满足的关系。

但是当无人回应，或者受到质疑时，自体就落到了不被爱的、没有价值的表象上，如果客体是拒绝的、冷漠的，自体的情绪就会跌落到抑郁的谷底。这时，从自体的视角，我们可以说这个人自体的凝聚力不够，存在着夸大自体和贬抑自体并存的问题，这个人也尚未从对古老的自体客体的需求中挣脱出来，自我价值感不强、自尊脆弱。

美国精神分析师奥托·克恩伯格对边缘性人格障碍的理论建构和治疗有着杰出的贡献。作为一个非凡的整合者，他区分了神经症性—边缘性—精神病性三种层次的人格组织，其病理程度依次加重，并从身份整合、防御作用、现实检验、客体关系等维度进行了比较。

美国精神分析师南希·麦克威廉姆斯在其著作《精神分析诊断：理解人格结构》及《精神分析案例解析》中，也用人格形成的性心理发育的观点，从防御、认同整合水平、现实检验能力、反省力、冲突等多个角度，对这三种人格组织进行了阐释。

我的精神分析老师赫尔曼·舒尔茨整理了前人的经验，并以表格的形式做了统整，我在他的基础上结合克恩伯格和麦克威廉姆斯的观点，从发展的角度按照精神病性—边缘性—神经症性的顺序，将该表格调整如下：

人格组织类型	精神病性	边缘性	神经症性
驱力发展	口欲期（0~1岁）	肛欲期（2~3岁）	俄狄浦斯期（3~6岁）
核心冲突	一人冲突：存在还是湮灭	二人冲突：独立还是害怕分离/丧失	三人冲突：俄狄浦斯冲突
身份认同	身份认同弥散，对自己和他人的扭曲体验，融合自体和客体的倾向	身份整合的缺陷，对自己和他人的扭曲体验	绝大多数稳定，但是在某些领域有冲突

5

▲

1

人格组织类型	精神病性	边缘性	神经症性
客体关系	不稳定，部分客体的人际关系呈共生性或者容易被压垮	不稳定，部分客体的人际关系在全好与全坏之间切换	绝大多数稳定，但是在某些领域有冲突
超我（自我理想）	有时候有对自己或他人的妄想性；过度理想化或贬低	对自己和他人的粗糙的过度理想化或贬低	冲突，但是没有严重的结构缺陷
防御机制	防御机制保护病人不至于人格解体，自体表象和客体表象不至于融合	原始的防御机制，如分裂等	神经症性的防御机制，如压抑，但是僵化、不灵活
自我功能	弱的	受限的	好的占主导
现实检验	缺乏	不稳定	保持完好
焦虑类型	毁灭焦虑	分离焦虑	超我（俄狄浦斯）焦虑
情绪调节	容易被强烈的情绪压垮并回避，害怕瓦解、湮灭	受限的，常常被负性情绪所压垮	一般良好，在冲突领域有问题

从表中我们可以看到，最严重的精神病性人格水平，其创伤可能始于口欲期，并固着了婴儿期的某些心理特征，无法从自体与客体的"母婴融合"中分化出来，无法区辨幻想与现实，自体脆弱，无力承载负面情绪，很容易陷入最严重的被迫害与自体崩解的毁灭性焦虑中。是发作还是潜隐，取决于防御机制，正是因为防御机制的存在，才让其人格不至于解体。

而最右边的神经症性人格水平，是相对来说比较统合、趋于健康的人格状态，其自体基本凝聚，自体与客体边界清晰，自我功能良好，情绪基本稳定，存在着局部的冲突，通常是三元竞争关系中性与攻击的议题。

在两者之间的边缘性人格水平是一个很宽泛的维度，主要是自体与客体关系的问题。这个阶段以分裂的防御机制为主，自体与客体尚未统整好，自体脆弱，客体关系混乱，自我功能受限，情绪容易紊乱。是更靠近精神病性水平还是神经症性水平，则主要取决于自我功能是否有足够的强度以及能否进行现实检验，从而不让自体散架，能把自己的想法付诸行动。

其中，也会有不同维度的发展不平衡，譬如一个有着稳定职业身份认同的人，也可能存在着精神病性的毁灭焦虑。所以，这个表格只能帮助我们大致厘清三种人格组织，实际的情况往往会更为复杂。

而修复的方向，则是从病理的一端向更健康的人格组织发展。从建立安全的依恋（依赖）开始，自体与客体逐渐分化与整合，自我功能逐渐变得强大，进而能够从对他人的身体和心理的依附中分离出去，逐渐走向独立个体化。

正是这种分离个体化，让我们有一个更坚实的自体去面对外界的风雨，更稳定的情绪来承载生命的起伏，以及更好的内部客体关系模式，帮助我们建立外部满意的人际关系，最终，让我们拥有足够的能力去爱、去工作！

精神分析从不同的角度建构了人格发展的图谱，但它擅长的领域，差不多也就到神经症水平以上。如果以上三个时期的主要使命都能基本完成，孩子就差不多可以成为一个品格健全的"人"了。

2

自体的发展

自体心理学创始人海因兹·科胡特在其著作中，一直未给自体下一个确切的定义，他在《自体的重建》后记中谈道："自体在本质上是不可知的，并非抽象科学的概念，而是得自实证资料的普存性，只有借由被神入的感知才对他人开放。"

美国精神分析师格雷戈里·汉默顿（N. Gregory Hamilton）在其著作《人我之间》中，亦认为自体是这个世界上和我们自己最接近的东西，"实在难以定义"。尽管如此，他还是给出了他的看法："自体是属于一个人自己的，包括意识和无意识的心理表征。"

他从弗洛伊德最早论及的身体自体开始，谈到了自体形象，既包括看得见的外部表象，也包括看不见的和深部肌肉感觉有关的内在知觉，以及自体隐含的意义和不同的自体影像及整合等。

美国精神分析师葛林·嘉宝在其著作《动力取向精神医学》中，从自体的凝聚力、自体客体的成熟度、自体的延续性（自我认同）、正直与美德、自体的界限、身心相连接的程度等方面，谈到了自体所包含的不同内容。本文的脉络，将在嘉宝论述的基础上进行展开。

▲自体的凝聚力

关乎对我们很重要的自尊、自我价值感，科胡特曾经提出过"自恋性暴怒"的概念，是指对于自体受到冒犯以后的报复冲动。如果一个人的自体比较脆弱，凝聚力不高，自尊就很容易受伤，也更容易暴怒。所以人成长的方向，是建立一个统整的、切实而有韧性的自体，能够有更现实的自尊，并能扛得住外界的风雨。

唐纳德·温尼科特曾经谈到过，刚出生的婴儿需要母性的养育以保护其核心的真自体不被侵害，并帮助其建立起自体的连续性。如果这种连续性的存在被打断，会造成自体碎裂成碎片的感觉，这是精神病性焦虑的基本特征之一，最终导致自我的虚弱。

也就是说，最根深蒂固的自体碎裂感，可追溯至婴儿期。自体无以成型，自尊何以建立？母婴阶段最原初的核心自体是我们未来发展的基础，我们在成长的每一个阶段，都会遇到新的挑战，或是促进自体的统整，或是带来自体的破碎。

就拿二三岁的学步儿童来说，他们在婴儿期习得的无所不能的全能感将受到重创，发现自己以为的"全能"仰赖于重要他人的供给。同时，随着行走与语言能力的发展，新的世界在他们的面前展开，他们会被新的喜悦所充斥，但不稳定的能力又会让他们常常面临自恋受挫。

不仅如此，在逐渐进入多元竞争关系的过程中，他们也将挫败地发现，自己并不是妈妈唯一的挚爱，幼儿园里也会有很多更受老师喜爱的小朋友，自己在游戏里也并不总是赢……

成长的过程，就是自以为是的"我"与现实的"我"不断碰撞的过程。我们不断地在客体的镜映与肯定中确认自体的价值感，又在不会造成创伤的挫折与失败中勇敢面对自己的"无能"，并慢慢锤炼出更现实而凝聚的自体。这让我想起老家以前建土屋时的打夯，壮劳力在模板架子里将泥土夯实，夯成土墙，再建成土屋。

而很多人成年以后的脆弱自体、低自尊，通常源自成人之前、自体稚嫩之时没有得到很好的抱持与滋养。比如，被忽略、指责，甚至虐待等带来的自体匮乏，或者因过度满足而变得"虚胖"，没有经历"恰到好处的挫折"，失去了夯实自体，让其变得坚强有力的机会。

所以，自体的坚韧之路，或"养"或"夯"，因人而异。

▲自体身份认同

自体的身份认同涉及不同的方面，既有对应于不同客体表象的自体表象，也有信念与价值观、性别与性取向、职业等的身份认同。

解离症通常表现为自我认同混乱或改变、失去现实感与自我感、失忆、漫游等，其中的解离性身份疾患（又称多重人格障碍）因为影视作品的传播而广为人知，患者通常都有早年被虐经历。

如果我们反观一下自身就会发现，其实每个人都有不止一种人格状态，并在不同的情境中被唤起并呈现，温柔善良的、自私冷漠的、坚忍不拔的、怯懦胆小的、阳光明亮的、抑郁低沉的……

但我们通常都能够将其统整为一个相互连接的整体，并会有一个呈现在他人面前稳定的"主人格"。而对于多重人格者来说，他们的问题不在于拥有好多个人格，而在于很难将内在的多个人格统整成一个完整的人格。不同的次人格彼此裂解，并彼此争夺人格中的主宰权，而使得一个人看上去没有稳定呈现的自体感。这是一个广泛的连续谱，成长的方向正是从解离到整合。

自体的身份认同是一个非常宽泛的概念。对于成年人来讲，我们基本的信念与价值观将会引导动机与行为。

譬如说一个人以本我的感官享乐欲望为追求，而置超我的道德良知于不顾，那么他可能就会为了利益不择手段、投机取巧。

或者，一个从小被过度贬低、过高要求的人，将别人的认可视为自己的价值呈现，那么他就可能需要通过不断地追求卓越来保持良好的自我感，也会在自己内在的价值体系与整个社会环境不一致时，出现冲突与困顿。

不仅如此，成人生活的两大议题——爱与工作，也会带来身份认同的困扰。对于大多数人来说，性别身份和性取向等议题不会带来太大困扰。但对于少数群体来说，可能会面临我是男性还是女性、同性恋还是异性恋等的不确定，以及即便确定，但与常态相比的失序，还将面临社会价值评判的压力。

而职业身份认同，亦是关于"我是谁"的问题——我的理想与天分在哪里？我是否有足够的能力建立理想与现实的桥梁？还是认同感混乱，随波逐流，或者将真实身份隐藏，以被社会认可的虚假身份麻木地抑或痛苦地生活。

一个人同一性的建立是一生的旅程，并且会因内因和外境的变化而不断调整变化。

▲道德与良知是自体发展的产物

弗洛伊德早在 1917 年的《论自恋：一篇导论》中，就谈到了父母与社会的批评建立了良知，来自外界的禁止导致了压抑。而在 1923 年的著作《自我与本我》中则谈到了，一个人童年期对父母的认同建立了"超我（自我理想）"，其涵盖了指令的（你应该）和禁忌的（你不能）两部分，并以内在良知的形式行使道德稽查职能。

梅兰妮·克莱因在 1948 年的著作《关于焦虑与罪恶感的理论》中谈到，抑郁焦虑（担心自己的攻击性会伤害所爱的客体，例如母亲）和罪恶感，与进行修复的倾向密切相关。这也是婴儿能够将父母看成是一个完整的人，并将爱与恨的情感整合到同一个客体的象征。

温尼科特在 1958 年的著作《精神分析和罪疚感》中发展了克莱因的观点，认为当母亲能够从婴儿冷酷无情的攻击中幸存下来，则婴儿的无情会转为同情，漠然会转为担忧。这也是孩子得以忍受"矛盾两价性"的象征，能够对同一个人怀有矛盾的情感，并仍然抱有爱与关心。

温尼科特在 1963 年的著作《道德与教育》中尤其谈道："道德的形成依靠的是在足够好的养育环境促进下的自然发展过程，否则'道德教育是不管用的'。"

道德与良知，是一个人的人格品性中很重要的组成部分，也呈现了整个社会文明的发展程度，主要通过内化重要他人及环境的态度和要求而形成。

内化的过程从出生时就开始了，如果在婴儿期没有从母亲那里得到恰当的照顾，例如，母亲的抑郁或焦虑侵蚀到了孩子脆弱的自体，母亲疏于照管让孩子受到了伤害，孩子的"口欲"未得到满足，"攻击性"被严重限制等，都可能会让孩子内射原始的、具有迫害性的、残暴的"超我"。

以上这些都会影响到孩子未来道德感的发展，如果再加上三到五岁开始的严格的管教，孩子很容易出现"道德洁癖"现象。
这种洁癖是指：在道德上极端苛责，不允许自己或他人一点点"非道德"行为的存在，例如偷懒、占点儿小便宜等。

这种对自我和他人过度的严苛，很容易让人产生强烈的罪疚感，导致心理不堪重负。很多走进心理咨询室的人，都存在着不同程度的超我过于严厉的问题，并表现在不同的方面。此时，他们需要做的是：放松超我的要求，让本我得以释放。

有的人在社会化的过程中，因为养育环境的低超我，或是被虐待，或是支持性环境的丧失等，使得道德与良知的部分未能充分发展，于是本我的欲望与攻击冲动能够得以尽情释放，他们可能会去投机取巧、杀人越货。提升道德感和增强同理心，是这类人的改善方向，但是他们往往并不会因此而寻求心理咨询。

▲自体与客体的分化

我们在前文中谈到过婴儿自体的发展，婴儿最初和母亲（客体）处于不分彼此的"融合"状态，然后再慢慢地分化出"我"和"你"，但此时孩子的自体仍然很稚嫩，所以其重要客体（如父母）需要部分地放弃自己自体的独立性，作为孩子的"辅助性自体"来支持孩子自体的统整感，并推动其成长。

所以，自体与客体的分化程度，也呈现出了自体的成熟程度。脆弱且未分化的自体，往往无法在别人的感受、想法与自己的体验之间建立起边界，他们的情绪很容易被他人感染，发生在他人身上的事情就像发生在他们自己身上一样。"我"和"你"的边界模糊，自体虚弱，因而也无法确知不同的独立个体是有各不相同的心智内容的。

要想划分出自体和客体的界限，首先还是需要让属于自身的"自体感"慢慢浮现、成长，并变得更为强壮，这样边界的建立才有可能。

而从"自体客体"的角度来说，则需要从对古老自体客体的过度需索，发展为有能力相互满足的自体客体关系。这也意味着自体与客体的分化，因为当我们的自体仍然很虚弱、不能确定自身的价值时，我们还是需要从别人的目光和回应中来确认自己。

但分化并不意味着完全的独立和不依赖他人，而是真自体得以确立。我们能够以"我自己"与他人建立彼此镜映和满足的关系，并有爱在关系中流动，同时，不必将别人的欣赏和肯定作为自尊的唯一来源，而是在内心深处有着一份属于自己的自我认同。

所以，这些都事关"真自体"的寻找和成长——可以是婴儿期"身体自体"的自发表达受到限制，也可以是"情绪自体"的没被看见或被扰乱，抑或自体身份认同中的相关议题。

然而，真正属于自己的"主体感"究竟是什么？哪些是"我的"，哪些又是别人强加到我身上，造成内心的割裂与混乱的？

我之寻求，是一条漫长的道路。

从宽泛的角度来讲，"解离"是一个非常普遍的现象。也许我们绝大多数人不会出现严重的多重人格，但恍恍惚惚的神游状、情感与感受的隔离、某段记忆的失落等现象并不少见。

南希·麦克威廉姆斯在《精神分析诊断：理解人格结构》中，谈到过精神病学家班尼特·布劳恩（Bennett Braun）博士提出的解离的BASK模式，用以概括同时发生但并不彼此关联的心理过程。

B（Behavior）代表行为解离，如恍惚中的自残，行为不受意识控制；A（Affect）代表情感解离，如漠然地谈论痛苦的事情，情感与相应的事实断裂；S（Sensation）代表感觉解离，前文提到过的男生打篮球和与人触碰时的木然，即属于此类；K（Knowledge）代表体验解离，如神游或失忆。

不论何种，解离意味着"我"与原本统合在一起的知觉、记忆、身份、情感等的分离。思绪散乱、不知飘逸何处，可能是我们很多人的日常。

其实，我们生活在符号象征、逻辑推理所构建的世界里，当我们尝试用语言连接彼此、用事件建立关系时，却也因为隔绝了情感而彼此孤独，所以精神分析中会特别强调关注"非语言信息"，以及互动过程中唤起的情绪与念头。不过这种连接并不容易实现，尤其是当我们内心防御重重的时候。

解离作为一种非常普遍的存在，可以从严重病理性的解离性人格疾患、自我感丧失、解离性失忆或漫游，到日常生活中的疏离、失神等轻微解离现象。但从自体的成长来讲，其发展方向还是要将身心的这些各自为政，统合为连接的整体。

自体涵盖了非常宽泛的内容，在每个人身上的呈现也各不相同，成熟与幼稚可以同时存在于一个人身上。自体的成长也是一条漫长的道路，尤其是如果创伤早至婴儿期，就像是房屋的地基没打牢，上面一层层的房子都不稳。

所以，如何将自体的凝聚转化为自我的功能，又如何通过自我的功能来凝聚自体，构建螺旋式上升的发展，尤为重要！

▲

3

自我的发展

格雷戈里·汉默顿在《人我之间》中总结道:"自我是一个抽象的概念,意味着一些心理功能,像是在知觉、记忆、认知、情感、行动和道德要求等各领域的分化、整合、平衡和组织。"

葛林·嘉宝则在《动力取向精神医学》中将自我的特质进行了区分,如自我强度、现实检验、冲动控制、判断力、心理悟性、防御机制、自我和超我的关系等。

我们活在一个以"功能性自我"的高低来评量个人价值的世界,功能更高者得以拥有更多的财富、更高的地位与名望,因而拥有更多的自尊和自我价值感。但也正是我们误认"自我"为"自体",而有了比较、攀附,并陷入了与"自我意识"相关的各类情绪中,如骄傲、自卑、羞耻、内疚、嫉妒、尴尬等。

这是"自我"和"自体"的纠缠,按照温尼科特的说法,"心智变成了假自体的住所",智能成了一种维持自体稳态的防御。

与此同时，我们又需要有足够的自我功能来让核心自体变得更凝聚和坚韧，从而让雄心和理想得以实现；能够和他人建立起相互满意的人际关系，尤其是亲密关系；能够扛得住外界的风雨并保持平稳积极的心态。这便涉及"自我"在不同维度的发展和成长。

本文在嘉宝的分类基础上进行展开，并借鉴了底波拉·L.卡巴尼斯（Deborah L. Cabaniss）等人所著的《心理动力学个案概念化》中"适应"和"认知"章节的精彩论述。

▲认知功能与自我强度

这里主要想从社会功能的角度来谈一下，一个人对社会生活的适应，以及对于工作和人际关系的维持能力。这就涉及智力、记忆力、专注力、语言能力、判断力、决策和问题解决的能力，以及坚韧的意志力等。

一个上市公司的老总和一个建筑工地的工人，他们的社会功能和所创造的世俗意义上的价值是有很大的差别的。对于同样在母婴阶段及之后的成长过程中，因没有得到恰当的养育而遭受心理创伤的人，虽然有着相似的内心冲突和心理动力，但能够维持稳定的职业和人际关系者，与被淹没性的情绪所侵袭以至于无法持续工作者，其功能水平也是有差异的。

自我的功能面向，既会带来防御，也能促进成长，但还是需要遵循先"建"再"破"的原则。如果处于低水平的功能状态，则有必要在力所能及的前提下，通过逐级设定能够达到和超越的小目标，就像训练肌肉一样，训练并增进自我的韧性与强度。

自我的功能增进一步，"胜任感"便增强一分，自体的价值感也会增加一些。反过来，在一个抱持性的、再养育的心理咨询环境中，当来访者"主体性"的言说被看见、被共情、被整合，其自我的强度也会随着自体的凝聚而聚拢、生发。

不仅如此，创伤的修复与人格的成长，也需要足够的自我功能来支撑。科胡特曾经谈到过，创伤无法客观地定义，当情感侵袭的强度超过个体能够维持心理平衡的能力时，创伤就发生了。虽然我们的身体有其天然的自我保存的智慧，"打不过就跑"，但伤痛仍然存在，并限制了人格的进一步发展。

所以，只有发展出超越创伤的修复性力量，成长才有可能发生。从精神动力取向心理咨询的角度来说，如果来访者的自体与自我皆脆弱，就需要每周 1 ~ 2 次面对面的支持性咨询。就像稚嫩的婴儿，在更偏"母性"的抱持与共情下，推动自体与自我的成长。

只有自我有一定的强度，才有可能承受得住每周三次以上躺椅式的精神分析，因为需要有足够的力量在躺椅上穿越防御"回到创伤地"，去面对初级思维的迷乱和生命中的不可承受之痛，而从躺椅上下来以后，又要能维持足够的社会功能去应付现实生活。

成长不易，并不是说点儿漂亮话那么简单。

温尼科特认为，虽然个体的智力在高度发展，并构建出假自体来满足外部的需要，但其内在情绪是不稳定的、缺乏安全感的，或者正如科胡特所说，需要通过自我耗竭般的努力来获得外界认可，进而维持自尊。

解决方法是：他们需要将自我功能性的用途做个"转向"，从用高功能来防御痛苦的情绪，转变成用这份力量来面对痛苦，重建更具真实感的自体。

当然，所谓的"建"和"破"也并不是非此即彼地线性发展着，往往是交织并行的。

▲情绪管理与冲动控制

心理的痛苦，很大程度上是情绪的痛苦，这是先天气质和后天养育所共同造就的。先天气质敏感的人，比较容易因外界刺激的干扰而情绪波动，如果后天养育的过程没有能够帮助他们更好地处理刺激，平稳情绪，甚至还加重了其负担的话，在成年以后他就需要耗费较多的能量来应付刺激、管理情绪，严重的还会影响到其社会功能。

冲动性的行为，往往是在情绪控制下的"本我"满足，例如暴饮暴食、物质滥用、性瘾、赌博、偷窃、自伤或伤人等。冲动控制的困难，往往也和较弱的自我功能相关，缺乏对痛苦的"挫折"的承受能力。

　　所以卡巴尼斯等人在《心理动力学疗法》中谈到："整日与冲动控制和焦虑承受等问题为伍的人需要的治疗是直接且大力地帮他们重塑有问题的自我功能。"

　　自我强度与情绪和冲动的管控是成正比的，自我的坚韧度越高，越有能力应付外部与内部的刺激，保持内外平衡的稳态。而情绪不稳、难以自控者，往往是在早年的成长过程中，超越其自我承受力的情绪刺激将其压垮了。譬如崩解性的焦虑、被抛弃的恐惧、不被爱的羞耻、被过度指责的罪疚、未被满足的愤怒与嫉羡、看不到未来的绝望等，这些都是孩子不能承受的痛苦，孩子的力量也因此被压抑，发展不出来。

　　很多时候，冲动性的行为是自我功能不足的结果，也是对不可承受之痛的权宜之计，但这会带来恶性循环的副作用。就像一些人想通过吸毒来与"失落的母亲"融合共生，但这种行为并不能弥补其内在"抚慰性客体"的缺失，因而陷入了饮鸩止渴般的毒品成瘾。

　　所以，归根结底还是要提升自我功能，但要在能够承受的前提下去面对紊乱和痛苦的情绪，并随着自我韧性的增强逐渐降低情绪的混乱度、增加冲动的控制力，从不稳定走向稳定。

▲心理悟性与心智化水平

　　心理悟性，又称心理学头脑，指的是"可以对他人与自我身上的行为、思想和感受的意义和动机进行反思"（Farber,1985,p.170）。心理悟性通常会作为一个人是否有可能从探索性的精神动力取向的心理咨询中获益的预测指标。

打个比方，一个总是很难与男性建立稳定亲密关系的女人，她是将问题外化为"好男人都死绝了"，还是能够将问题内化，理解到似乎当她走进一段关系时，她总是能够在对方身上找到一堆缺点，并觉得对方不值得自己付出，所以就选择了离开。

甚至再进一步，她能够联系到，她父母的关系就是这样：妈妈训斥了爸爸一辈子，觉得这个男人一无是处，所以她认同了母亲在亲密关系中的样貌。而她的离开，其实是对于自己的家庭生活会重复父母关系的恐惧，因此，她想要寻找一个更优秀的、可以依靠的男人，但却强迫性重复地在类似的关系模式中打转。

再举个例子，一个患有惊恐障碍的人，他是坚定地相信自己的心脏真的有问题，只是无能的医生查不出来而已；还是能够将症状的发作，归咎于当天与客户的谈判中客户的条件让自己感受到的愤怒。

抑或在此基础上，他还能够有更深的探索：当自己在关系中有不敢表达的愤怒时，惊恐就会发作，一方面惊吓到对方，对方又找不到把柄反击，暗地里出了口恶气，进而被动地表达了自己的攻击性；另一方面在叫救护车、送医院、检查、输液的各种折腾之中，也让攻击力有个出口，就发泄掉了。而这种模式和从小敏感虚弱的自己，被父母严厉管教又特别关心其身体，愤怒不敢表达，被动地用生病来折腾父母的模式一脉相承。

上面的两个例子，将问题外化到他人或者身体上，并进而寻求解决方案的，都难以通过心理咨询提升内省力而获益。如是，便需要他们穿越表面的关系、症状议题，向内去理解和探索自己的愿望、情绪、驱力等动力性能量的冲突，将非逻辑的"初级思维"转化为逐级递增、不同水平的象征化符号，并用逻辑性的"次级思维"表达出来，才能更根本地解决问题，而这是需要有足够的心理悟性的。

乔恩·艾伦（Jon G. Allen）等人所著的《心智化临床实践》中，将心智化简明定义为"关注自我和他人的心理状态，并就此对行为进行理解"。他认为心理悟性的最初含义与内省力的产生有关，而内省力是心智化的副产品，并认为从心理悟性的拓展性定义来说，其等同于心智化的能力。

心智化特别关注的是思维的"过程"，而非"内容"，并尤其涉及自体与客体的分化、从他人的视角去看问题的能力。早年成长环境中的创伤，很容易带来前心智化的体验模式，自体与客体未分化的、内心世界完全等同于外在世界的"等同模式"，以及过度理智化、将内心世界与外在世界完全割裂的"假装模式"。而心智化是需要将内在幻想与外在现实进行切分，但同时又需要进行连接；将自体与客体进行分化，但又彼此相连、互相满足。

而谈到前心智化的等同模式，也需要稍稍论及一下现实检验的议题。这也是非常重要的自我功能。通常精神病性和非精神病性的区别就在于现实检验能力，也就是区分现实和幻想的能力。

但其实这中间有一个很宽泛的连续谱，既有陷入幻觉与妄想中精神病性的，也有活在对现实蛛丝马迹的"曲解"基础上的边缘水平的，还有到更偏神经症水平的，他们则活在看似真实、实则虚妄的社会建构里。

▲防御机制与趋乐避苦的本能

防御机制最初是由西格蒙德·弗洛伊德提出来的，但他主要聚焦在了"压抑"的防御上，而他的女儿安娜·弗洛伊德则在《自我与防御机制》里延伸了弗洛伊德的观点。

防御机制是"从意识层面消除不愉快情感成分的一种心理操作"（J.Blackman, 2003），我们天性里就有趋乐避苦的本能，从这个角度来说，所有让我们避免痛苦感受的心理机制，都是防御。但这并不意味着，我们要去苦行，而不能享乐。

"防御"是一个中性词，在精神分析里，特别用来陈述痛苦情绪超过孩子的所能承受，他只能动用自己所处年龄水平所拥有的资源去应对，创伤越早、年龄越小，则资源越少、越初级，因而防御的效果越差，副作用也越大。

从这个角度，也就不难理解，一个人的防御机制越"原始"，他的伤痛可能越早、越重，与之相对的自我的脆弱性也越高。因为防御构筑人格，那么这个人的人格水平可能也越低。

举例来说，一个人从婴儿期开始就没有被很好地照顾，妈妈的怀抱和乳房是不稳定地存在着的。鉴于婴儿还没有现实检验能力，不知道实际究竟发生了什么，婴儿也无法体认到母亲是一个"完整的客体"，只是片段性地体会到"部分客体"（如乳房）有时丰盈而充足，有时则不知去向。

当婴儿被满足时，体会到的是"好客体"，而未被满足时，则体会到具有伤害性的"坏客体"。当坏感觉超过了孩子的承受力，又没有足够好的体验去整合"好"与"坏"时，他便只能使用"分裂"的防御机制，把"好东西"留着，把"坏东西"排出体外，来应对情绪的痛苦。

成年后，当他将内在的分裂"投射"（原始的防御机制）到外部世界后，往往会非黑即白地看待周围的人和事，并会带来情绪的动荡和人际关系的不稳定，因为世界总归是好坏交织的，受不了一个人的"坏"，便只能将其"排出体外"。

这是原始防御机制中比较典型的类别。在防御机制的阶序上，原始的防御适应性最差，并通常伴随着自体的裂解、客体关系的混乱，以及不稳定的情绪。涉及三岁前的不安全依恋，相对整合的自体与客体关系模式未能建立，主要的防御包括投射、投射认同、分裂、否认、付诸行动、躯体化、解离等。

而神经症水平的防御机制的产生稍晚，自体、客体相对整合，具有一定的自我功能，在社会化的过程中，本我与超我之间的冲突主要涉及性与攻击的议题，压抑、置换、情感隔离、理智化、反向形成、抵消等是主要的防御方式，且往往是局部的冲突，其适应性比原始的防御机制要好。

在过于严厉、不允许反叛的教养方式下，孩子的攻击不能表达，于是将其压抑并转而攻击自身，导致反向形成、抵消等，也有更原始的躯体化。这在前面关于惊恐障碍的例子里也有涉及。所谓原始的和神经症性的防御机制，并没有那么泾渭分明，往往会共存于一个人身上，并在不同的情境下被激发。

但无论如何，有防御即意味着有伤痛，防御越深，伤痛越大。但我们每个人的能量有限，当力量都用来应付痛苦了，则用在建设和发展上的就势必会更少。回避痛苦并不能解决问题，唯有勇敢面对，才能超越伤痛。

自我的功能面向是一个很大的议题，它和自体相互交织，又和客体关系互相缠绕。只有发展出足够的自我功能，才能促进人格更进一步的成长！

▲

4

客体关系的发展

客体关系，指的是人与人之间的关系。作为社会中的人，我们一生都活在关系里，我们的人格被早年生命中的重要关系所塑造，这些关系又反过来影响我们成年以后的人际关系品质。

虽然弗洛伊德一直强调先天的生物本能驱力推动下的客体选择，但他也谈到了父母的管教方式，以及孩子对父母的认同对于孩子超我（自我理想）形成的重要性。

梅兰妮·克莱因则论及，早至婴儿期，婴儿与作为"部分客体"的乳房之间的互动，便是通过内射、投射、投射认同等心理机制，或是因为满足的体验而形成好客体与好自体的内心世界，或者反之，这就构建起了日后人际关系与情绪和智力发展的基石。

所谓的"性格"，从人际关系的角度看，就是在先天气质和后天养育的互动交织下，一个人在不同的人际情境中被唤起的稳中有变的对于自我的认知（自体表象）、对于他人的认知（客体表象），以及关系中的情绪感受和应对模式。

而所谓的"性格决定命运"，则是说这一系列的内在心理过程（很多时候是潜意识的）和外在行为方式，构筑了我们的人格，并影响着我们处理人际关系的能力，进而影响着我们的命运走向。

"投射"是一个非常有意思的心理现象，尤其在群体情境中更是清晰可见。我以前在一家瑜伽馆办了张年卡，结果刚一个月就被告知这家门店即将关闭，我要么转到其他门店，要么退卡。

会员们境遇相同，但大家的反应却各不相同：有的人觉得店大欺客，于是找工商部门、找媒体寻求解决；有的人担心利益受损，但又不敢闹事，于是躲在后面相机而动；而有的人觉得赔偿条件合理、店大难逃，所以继续安安稳稳地练瑜伽。

为什么同样的处境却会激起大家不同的认知、情绪和行为？这主要源于人们内在"客体关系模式"的差异，这其中的差异是人在早年和重要他人反反复复的互动过程中内射而来的。

打个比方，一个在稳定、和睦的家庭中长大的孩子，更容易内射安全可靠的客体表象，被爱和被照顾的自体表象，以及相互之间可信任的关系模式，那么在成年后遇到这样的事情，便更容易因为内部的信任感带来对外部的信任；而一个在冲突到不可收拾的破碎的家庭中长大的孩子，则更容易内射靠不住的、伤害性的客体表象，弱小而不被爱的自体表象，以及不可信任的关系模式，并投射到外部世界，觉得外部世界不可信，自己会被欺负。

当内在的关系模式投射到外在，并且通过"付诸行动"的方式来对待对方，而对方相应的情绪被唤起，并不由自主地被卷入而反应时，"投射认同"便发生了。想想我们在遇到不同的人时，自己被激发出来的情绪和回应的差异。所以，"一个人的内心有什么，影响到他外在会活在什么样的世界"，是有其道理的。

当然，"投射认同"的关系模式，只是我们诸多关系类型中的一种。但无论如何，当我们陷入外在人际关系，尤其是亲密关系的困境时，向内探索自己内心世界"客体关系模式"的困境是根本，这也是内省力或者心智化的起始。

因为外面没有答案，答案就在自身。这也是从客体关系发展的角度我们所能够去做的。

▲从不安全依恋到安全依恋

我们在开篇谈到过依恋理论，以及几种常见的依恋类型。

约翰·鲍比谈到过，婴儿对母亲的依恋需求来自生物本能地寻求安全和保护，并让自己存活下来。艾瑞克·埃里克森的"人类发展的八个阶段"中的第一个阶段，便是婴儿期基本信任感的建立，并认为其构成了儿童身份感的基础，而婴儿的精神分裂症中则存在着基本信任的缺失。

对于稚嫩的婴儿来说，当在最需要依赖的保护者那里体验到最不安全的伤害感时，这种感受是非常矛盾的。爱中夹杂着恨，亲密中夹杂着危险，生存伴随着恐慌。就像是含有毒素的乳汁，不喝会饿死，喝又会被毒汁所侵蚀。喝还是不喝？靠还是不靠？这和安全依恋建立起来以后，关系中既好又坏的整合性的冲突有着本质的差异。

而不安全依恋中的常见类别，是不安全回避型依恋和不安全矛盾型依恋。其在人际关系尤其是亲密关系中的典型表现，已在"爱的能力：如何正常地爱人与被爱"的相应篇章详细阐释过。这两种依恋类型的特点，总结起来，前者是"无法靠近"，后者是"分不开"。

拥有不安全回避型依恋的人，会选择回避在依恋关系中的伤害。"没有依赖就没有伤害"，自己靠自己，涵盖的人格类型有分裂样、自恋、强迫等。

这里说的"无法靠近"更多是指内心的不信任。有很多人还是能够建立起相对稳定的、长期的伴侣关系的。而不安全矛盾型依恋，则纠缠在关系中，既需要关系但内心又充满了不被爱的不安，亦无法离开关系相信并依靠自己，人格类型包括边缘性、歇斯底里等。

依恋类型从不安全型向安全型发展是方向。如果是过于疏离、冷漠的，则需要打破隔离，走向情感的连接，建立亲密关系；而如果是过于痴迷、纠缠的，则需要在自我和他人之间留出一些空间，建立足够的自我安全感，并走向分离个体化。

虽然从语言上表达起来只有短短的几句话，但从人格的成长来说，这绝非易事。因为安全依恋的建立是生命前三年的重要功课，也是后续人格发展的基石。依恋的重建，也意味着人格在某种程度上的"回炉再造"。因为不安全的依恋，往往意味着在自体、客体、情绪和自我的维度，都出了或深或浅的问题。

首先，从自体的角度来说，"自体"需要"客体"的镜映、抱持才能够慢慢凝聚，并确认自己的存在；也需要有"理想化的双亲影像"去攀附、依靠，才能支持并壮大尚且脆弱的自体。而不安全的依恋，通常源自父母的不可靠、自己没有被看到，所以自体的凝聚、好自体的稳固、真自体的形成、自尊的建立都没有完成。

其次，从客体的角度来说，通常是"坏客体"占主导，虽然内在客体关系模式的雏形因人而异，但通常是不能互相满足的、有问题的关系。

再次，从情绪的角度来说，自体的统整性未能建立，客体关系中充满了痛苦，关系中的重要他人非但不能帮助孩子接纳并稳定脆弱的情绪，反而加重了其情绪的混乱。

最后，自体的脆弱伴随着自我功能的虚弱，不稳定、易激惹的负性情绪又牵扯了自我大量的精力，使得自我忙于应付内部的冲突，从而无暇顾及现实的社会功能。

从这个角度来说，前三年养育的重要性，再怎么强调都不为过。因为自体同一性的形成、建立人际关系的能力、调节情绪的能力和适应社会的能力，这些成人后成熟人格的基础，主要是在这个阶段被塑造出来的。

▲从分裂到整合

克莱因对这个发展维度有着精彩的论述。

对于刚刚出生，还搞不清楚这个世界究竟是怎么回事的婴儿来说，他只能模模糊糊、片段性地通过自己的感官来感知自己和周遭的一切。克莱因用"偏执—分裂位"和"抑郁位"来表达客体关系中分裂和整合的不同状态。

虽然克莱因沿用弗洛伊德的死本能来描述婴儿最初的心理特征及其攻击性被一些精神分析师所诟病，但这并不能掩盖她对人格的分裂和整合的独到创见。

分裂的状态是一种将好坏、对错简单地二分的心理机制，这和压抑不同，压抑是将无法接受的欲望或冲动等压制到潜意识中。而分裂与压抑的不同部分在意识层面，但是它们彼此之间互不相识、无法统合。

克莱因将偏执—分裂位定义在了生命最初的3～4个月，之后进入抑郁位，但从分裂到整合是一个循环往复的过程，会涉及不同的层面。成人世界里的"分裂"，亦会呈现出更复杂的表现。

偏执者将他人和世界视为具有恶意和攻击性，而将自己视为善良无辜和正义的，这是一种分裂；自恋者将自己和他人，要么理想化到完美无缺，要么贬低到一无是处，这也是一种分裂；边缘者紊乱的情绪，以及忽好忽坏的自体及客体意象，更是分裂的典型表现。而群体性的偏执—分裂，非黑即白地血腥杀戮，更是将"人间"沦为了"地狱"。

从分裂向整合的发展，也是从部分客体向完整客体的发展。

一个人在分裂的状态下，其实并没有把自己和他人当成一个"人"来看待，并不能丰富地体味自我与他人人性的多面性，只是很表面地贴一个自以为是的论断，也无法建立更深入持久的连接。

从自体、自我、客体关系的维度来看，人格是有其多维性的。人非完人，各有长短。家庭幸福者，在事业上碌碌无为；高智商者，在情绪上充满了混乱；自我实现者，却存在着自尊维系的困难……只有我们能够体会自我和他人都是有血有肉、有好有坏、充满了七情六欲的真实的人，我们才能够有爱的生发，有伤害的内疚，有修复的渴望。

至于这些心理发展在早期的呈现，克莱因谈道："当妈妈的乳汁滋养到婴儿，让婴儿体验到被爱与满足时，乳房被视为'好乳房'；但是当乳房成为婴儿挫折的来源时，例如没有被喂饱，乳房即被视为'坏乳房'。但是幼小的婴儿尚无整合好与坏的能力，此时，爱与恨、满足与匮乏等，便处于彼此分裂的状态。"

克莱因在《嫉羡与感恩》中亦谈道："爱的能力既推动了整合，也促成了被爱的与被恨的客体之间成功的原初分裂……整合是以一个根深蒂固的好客体为基础的，这个好客体构成了自我的核心。"

孩子在婴儿期的养育，是不是获得了足够的安全感与被爱和满足的感觉，这非常重要。在这个过程中不可能没有挫折，早期的分裂也是孩子发展过程中自然的心理现象，但只有当爱的力量超越恨的力量，黏合的力量超越分裂的力量，客体关系的整合及人格的成长才能得以实现。

▲内部客体关系模式的发展

在人际关系中的困境中，常见的是带来痛苦的"强迫性重复"的关系模式。这源于早年和重要他人的互动过程中内化和固化，并投射到外部世界的"内部客体关系模式"。这种固化的模式通常扭曲了自己与他人，曾经帮我们应付了当时的环境，但现在已经适应不良，却又无法挣脱。

奥托·克恩伯格及其同事在针对边缘性人格障碍的移情焦点治疗中，罗列了十几种不同的自体表象与客体表象的配对。

这种配对我们是可以理解的，当一个母亲用爱来喂养怀中的宝宝时，孩子势必在关系中感受到自己（自体）的满足与被爱，妈妈（客体）的丰润与富足；而当孩子怕得直哭，但父母在忙着自己的事情，根本顾及不到他时，孩子则体会到自己（自体）就是没人要的，而父母（客体）是冷漠的、以自我为中心的。

　　早年不同的关系形态，会在我们内心形成不同的客体关系模式，其中越是根深蒂固而痛苦的关系模式，越会让成年后的人际关系错综复杂，尤其是亲密关系。

　　葛林·嘉宝在《动力取向精神医学》中有一个很有用的"洞见三角"图，就谈到一个人过往的关系如何在成年以后的关系中重复，又如何在进入咨询室以后，以移情的形式在与咨询师的互动过程中重复。

　　打个比方，一个女孩子，父母在其刚出生不久就离婚了，妈妈因为要上班养家，就将她放在不同的人家照管，所以她没有建立起好客体的恒定感。等她长大后恋爱了，当她见不到男友时，她就特别担心男友发生意外，因此需要经常给他打电话确认，也担心男友会嫌弃、不要自己，因而非常焦虑不安。她因此寻求心理咨询师的帮助，但她早年关系所内化的没人要的小女孩儿，和靠不住的养育者之间的关系模式，最终会在她和她此时寻求帮助和依靠的重要他人——咨询师之间的关系中重复。

　　这个女孩子会在咨访关系中小心翼翼，担心如果自己哪里没做好，咨询师就会抛弃自己、结束咨询了；而当咨询师要休假暂停时，女孩子又会担心咨询师万一出交通事故，回不来了怎么办？自己接下去依靠谁……

　　也就是说，这个女孩子将给她带来痛苦情绪的关系形态"投射"到了咨询师的身上，这也可称为"移情"。而修复的过程，正如美国精神分析师托马斯·奥格登在投射认同三阶段中所描述的，咨询师会先陷入来访者施加的人际压力中。

譬如女孩子会因为担心被抛弃而想要主动抛弃咨询师，她开始迟到、缺席，如果咨询师的反移情出来，也不遵守设置或找理由结束，那么女孩子便会认定自己担心的事情真的发生了。

但如果咨询师能够觉察自己的反移情，理解并和女孩子探讨她对于被抛弃的恐惧，并始终稳定地出现在咨询室，或者在短暂的分离以后，咨询师又重新回到她的身边。慢慢地，被调整后的客体表象是可靠的、稳定的，和被调整后的自体表象是被照顾的、被保护的，便会重新内射到女孩子的心中，这会修正她外部的亲密关系样貌，不至于给双方带来痛苦。

这便是内部客体关系模式修复的大体过程，当然，实际过程会更复杂一些。

虽然我们将自体、自我、客体关系分开来陈述，但它们事实上是作为一个完整的人的不同面向彼此交织、相互影响的。

5

哀悼丧失，继续前行

在这本书的尾声，我想以"哀悼"作为结束。

我们从不同年龄阶段心理发展的受创谈起，讲到由此带来的成年以后在情绪管理、人际关系（尤其是亲密关系）、职业发展等方面的困境，以及如何从自体、自我、客体关系的角度，重启成长与分离个体化的道路。

但我不得不说的是，尽管我们怀抱着改变的希望，也要做好面对无法改变的失望的准备。

我以前读《心理动力学心理治疗简明指南》的"结束治疗"章节时，被里面的一段话深深地打动："由于年龄或生活环境的缘故，有些人已经失去了教育、婚姻或工作的机会，即使心理内部的冲突被解决，他们也无法再去追求生命中那些曾经渴望的东西了……他们会为失去的希望和愿望而哀伤。"

如果说成年的心理之病源于童年的心理创伤，那么那些阻隔了我们人格发展的伤痛，也困住了我们在现实生活中的"自我完成"。我们因此通过各种方式进行自我成长，但不同的年龄段都有其"该做的事"，有些错过的能补，而有些错过的则再也补不回来了。

就像错过的恋情，那个时候的自己，就是无力抓住；就像错过的职业选择，那个时候的自己，就是无力争取。我们希望自己的人生圆满，但终究需要面对无可挽回的缺憾。也许我们唯一能做的，就是哀悼那些丧失，与之告别，并怀揣着新的希望继续前行！

弗洛伊德在1917年写就的文章《哀悼与忧郁症》中，区分了正常的哀悼和抑郁之间的区别。他认为哀悼是对于失去所爱之人或抽象物（国家、自由、理想等）的反应，正常的哀悼克服了对象的失落，并吸收了自我的能量。而当哀悼完成后，内心将重新变得自由。

克莱因在其论文《哀悼及其与躁狂性抑郁状态的关系》中则谈到，当一个人失去所爱的客体时，会感觉到好客体被摧毁，迫害焦虑与抑郁焦虑被激活。但只有接纳客体是不够完美的，能再度信任与爱，亦不担心自己的恨与攻击会遭到报复时，哀悼工作的重要步骤才算完成。克莱因尤其谈到，在哀悼的过程中，苦难创造出了生产力，痛苦的经验促进了精神升华并激发了天赋。

我中德班的团体分析老师弗里德里希·马克特（Friedrich Markert）在其论文《哀悼与抑郁——理解为陷入僵局的哀悼》

中，特别谈到了对于完成分离起到重要作用的"攻击性"：在哀悼的情感爆发阶段，如果不允许自己表达对于逝去客体的失望、不满、愤怒、攻击，反而过度内疚，把攻击转向自身，就可能会阻碍哀悼的完成。

▲成长的过程，就是哀悼的过程

美国精神病学家伊丽莎白·库布勒-罗斯（Elisabeth Kübler-Ross）在其开创性的著作《论死亡与临终》里，提出了悲伤的五阶段模型。作为理论框架，该模型主要用于描述人们面对即将来临的死亡时所经历的情绪状态的进程，也被应用于理解遭遇丧失后的悲伤和哀悼过程。

第一个阶段是否认，不相信自己所面对的事实。

第二个阶段是愤怒，为什么这样的事情落在了自己的头上。

第三个阶段是讨价还价，想要抗争命运的安排。

第四个阶段是抑郁，面对丧失来临时的绝望情绪。

第五个阶段是接受，完成哀悼、面对丧失、接受现实。

但事实上，分离与告别并不仅仅在临近生命终点时才出现，我们每一个新的成长，都在象征层面意味着过去的"我"的死亡。而当我们怀揣着这样或那样的心理之痛，来寻求疗愈妙方时，一方面，我们的心灵困在了痛苦的强迫性重复里，当下的现实激发了我们过去的伤痛，但我们无力挣脱；另一方面，我们还要面临外在丧失的啃噬，因为太多的心理能量耗在了内心冲突里，只能眼睁睁地看着光阴流逝，却无力抓住生活的真实。

而成长的过程，本质上是好自体与好客体的重建过程，从某种意义上说，也是完成哀悼的过程。

我们在关系中长大成人，并一辈子活在关系里，小到家庭关系，大到与整个社会的关系。关系滋养着我们，也伤害着我们，成年以后所遭遇的痛苦，通常都和早年关系中的伤痛经历内射于心，以"坏自体"和"坏客体"的形式驻于体内，并以各种错综复杂的形式投射到外部世界有关。

有一年，我陪舒尔茨老师去杭州，在雷峰塔里，感受着白娘子对许仙的爱，舒尔茨老师说："爱的力量胜过一切。"我想把这个"爱"字延展到创伤的修复中来，用克莱因的话来说，就是孩子首先要在妈妈的"好乳房"中得到滋养与满足，才能够扛得住"坏乳房"的匮乏与迫害，并由分裂走向整合，而不至于被太多"坏"的体验所充斥，不得不分裂出理想化、全能的自体与客体，来防御内心的痛苦。

用温尼科特的话来说，一个"足够好的母亲"要能够作为婴儿的"环境母亲"，稳定地共情并满足婴儿的生理需要，并要避免婴儿的"真自体"被外部的伤害所侵蚀；要能够作为"客体母亲"，被孩子所"使用"，并在其"无情的"攻击中存活，孩子的真实存在才能得以确立，并发展出爱与关心的品质；在孩子的快速成长和母亲"逐渐放手"的互动过程中，孩子慢慢从依赖走向独立。

用科胡特的话来说，孩子需要有"理想化的双亲影像"去攀附，让自己脆弱的自体能够感觉强大，也需要有父母的镜像移情，能够激活孩子"夸大表现癖的自体"，并在经历了"恰到好处的挫折"以后，放弃"夸大的幻想和粗糙的表现癖"，从而滋养出更现实的自尊和更稳固的自体。

他们的理论从不同的角度都谈到了，只有"爱"的力量超越"恨"的力量，人格的成长才有可能。

从精神动力取向心理咨询的角度来说，创伤的修复，意味着咨询师要能够抱持得了来访者的伤痛，不沉溺于理想化，不排斥被贬低，自身的稳定与自体的统整能够消化那些"恶"，而将"善"一点一点地重新注入。从这个层面上来说，对咨询师而言，最大的考验是人格的考验，和学历、背景等既有关，又无关。

李娟在《想起外婆吐舌头的样子》中有一段回忆，她以前念小学的时候，每当起床后发现早餐又是红薯粥和酸菜，便赌气不吃，饿着肚子去上学。因为她知道，过不了一会儿，八十岁的外婆一定会追到学校，怀揣着滚烫的红糖锅盔，爬上高高的六楼，出现在教室门口。

她在文中说："在外婆给我带来的一场又一场安静之中，生命中的恶意一点点消散，渐渐开始澄明懂事起来。今天的我，似乎达到了生命中前所未有的勇敢状态，又似乎以后还会更加勇敢。"

我的分析师说过一句话："得到了，也就放手了。"当自身的存在被看到了，也就不再需要辛苦地乞求外在的看见；当丰润的"乳汁"喂饱了饥渴的自体，便有能力迈向独立个体化；当爱与修复的力量超越了分离与丧失的绝望，便也有了更大的勇气去面对生活中那些不可能再挽回的缺憾，作为完整生命体的一部分，与之拥抱、哀悼，并与之告别。

哀悼的能力，是成熟的人格所必备的能力，因为这意味着"自体"中信任与希望的充盈，"客体"中的超我不再具有凌虐的利爪，自体与客体能够分庭抗礼，爱意能够表达又不至于主客不分，攻击能够表达又不至于伤害彼此，丧失即便发生，仍然能够得以修复！

只是这个过程，并不是单纯的"爱"字这么简单，也不是完成了这个过程，就因此到了一个"更美好"的地方。仰望星空、脚踏实地，语言落实到体验，才只是开始。

▲从理论到实践

我是一个很容易被文字所打动的人，因此，在很长的一段时间里，我都沉溺于精神分析美妙的理论所建构的假设中。直到有一天，我突然意识到，理论是理论，生活是生活，它们之间似乎并不交织。就像电影《后会无期》里的那句经典台词：听过很多道理，依然过不好这一生。

而就自我成长过程中的"知"和"行"来说，究竟是"疗愈"还是"防御",真的是一个很微妙的过程,既不是非此即彼的选择,也不是用逻辑思维就能分析得出来的。毕竟,生活的复杂性远超理论,理论只能尝试着总结现实事物的共性,而无法准确地应用于每一个具体的场景。

但就像孩子的成长过程,从混沌一片中划分出非黑即白的二元性来,至少相较于迷迷糊糊是个进步。先从头脑中构建一个理论的框架,再用理论来指导我们的实践;先从简单粗糙的理论开始,再慢慢丰富其内涵和外延,并从僵化转向灵活;最后,再将理论弃绝。

不同的理论就像是不同的交通工具,过河需要渡船,出国需要乘飞机,到地铁站骑共享单车就行了。也许我们每周有五天需要骑车去地铁站,每年有几次需要坐飞机去游玩,而几年才可能需要坐一次船。

所以这个过程中,"知行合一"很重要。我们不一定需要学那么多的理论,重要的是将对自己有用的知识运用到实际生活中,真真切切地改变自身,这才是根本,否则,理论也不过是一堆假话和空话。

有时候过度地学习理论也是一种防御,尤其对于以理论见长的精神分析来说,文献浩繁如烟,每个大师都用自己的一辈子构建了一套理论,那我们要用几辈子才能读完?也许一边根据自己的节奏来消化和吸收,一边觉察和反观自己被唤起的"我还不够好"的自体匮乏感,才更为重要。

之所以这么说，是因为从"哀悼"的角度而言，重要的是我们能够真正接纳自己的真实存在是"足够好"的，同时也要勇敢面对自己人格中的不足和生命中的缺憾，即便我们最终都将走向"死亡"，但仍然怀抱希望，继续前行。

美国精神分析师杰克·安格勒在其论文《有我与无我：对于在精神分析与佛学中理解自我的再检验》中，谈过菲利普·卡普勒禅师在禅修工作坊中对于开悟能不能消除不完美和人格缺陷的看法。

卡普勒的回答是："不能，但它能将之揭示出来！在未开悟之前，一个人容易忽略或合理化自己的缺点，但在开悟之后，这些就不必要了。有弱点显然是让人很痛苦的，但坚定的决断能使人摆脱这些痛苦。"禅师亦提及，开悟并非一劳永逸，而是需要不断修持，让"行为"与"颖悟"相一致。

对人格成长的研究有不同的路径，精神分析只是其中的一种。虽说大道至简亦不简、殊途同归又不同，但在创伤的修复与重建的过程中，不论走哪条路，终究还是需要将头脑中的知识落到生活中的实修。

行文至此，我却越发觉得语言的贫乏与无力，我努力想用有限的语言陈述心中无限的体验，却越写越觉得无以言表。因为生活，就是扎扎实实的生活，就是"饿了吃饭，困了睡觉"，就是剥去初级思维的迷思和逻辑思维的防御，只是存在着。

然而，我还是有很多的妄念，很多对于"完美"的追求，很多担心自己写得不够好的不安。但也还在尽力写着，也还在尽可能诚实地面对自己，也还在努力从他人的眼光中剥离出属于自己内心的声音。

当这本书接近尾声时，也是我与写这本书的过程中所经历的生命状态分离与告别的时候。哀悼，并重新开始新的征程。《薄伽梵歌》中说："平静地履行你的职责，抛开对成败的执着。这种平静称为'瑜伽'。"

我想，从某种程度上来说，这是将自己的价值与古老的自体客体松绑的过程，也是从对欲望的无休止追逐中慢慢挣脱的过程，亦是从自体的虚浮夸大慢慢回归平淡真实的过程。

最后，以我所尊敬的瑜伽大师B.K.S.艾扬格在其著作《光耀生命》中的话作为本书的结语："在我的生命历程中，我把早年的病痛、贫穷、缺乏教育，还有我上师的苛求当作我平生最大的福音。没有那些苦难与丧失，我也许永远不会始终不渝地追求瑜伽。当一切都被剥夺一空，显露出来的是真我本色。"

我的生命，以及读到本书最后的你的生命，也许都经历过这样或那样的丧失之痛。但我坚信：爱的力量，终将超越恨的力量；修复的力量，终将超越创伤的力量；成长的力量，终将超越阻滞的力量！

参考文献

［1］陈兵. 佛教心理学［M］. 西安：陕西师范大学出版总社，2015.

［2］陈学明，秦博. 经与权：中国传统女性观与妇女生活的变迁［M］. 成都：四川大学出版社，2015.

［3］郭本禹，郭慧，王东. 自我心理学：斯皮茨、玛勒、雅可布森研究［M］. 福州：福建教育出版社，2011.

［4］林崇德，杨治良，黄希庭. 心理学大辞典［M］. 上海：上海教育出版社，2004.

［5］林万贵. 精神分析视野下的边缘性人格障碍：克恩伯格研究［M］. 福州：福建教育出版社，2008.

［6］孟昭兰. 情绪心理学［M］. 北京：北京大学出版社，2005.

［7］汪民安，郭晓彦. 生产第8辑：忧郁与哀悼［M］. 南京：江苏人民出版社，2013.

［8］郗浩丽. 温尼科特：儿童精神分析实践者［M］. 广州：

广东教育出版社，2012.

［9］杨蓓．亲密、孤独与自由［M］．北京：世界图书出版公司，2010.

［10］周达观．真腊风土记校注［M］．北京：中华书局，2002.

［11］［美］Jan G. Allen, Peter Fonagy, Anthony W. Bateman.心智化临床实践［M］．王倩，高隽主译．北京：北京大学医学出版社，2016.

［12］［美］丁·布莱克曼．心灵的面具：101种心理防御［M］．毛文娟，王韶宇，译．上海：华东师范大学出版社，2011.

［13］［英］约翰·鲍尔比．依恋［M］．汪智艳，王婷婷，译．北京：世界图书出版公司，2017.

［14］［英］约翰·鲍尔比．分离［M］．万巨玲，等，译．北京：世界图书出版公司，2017.

［15］［美］贝里·布雷泽尔顿，乔舒亚·斯帕罗．儿童敏感期全书（0～3岁）［M］．严艺家，译．海口：南海出版公司，2014.

［16］［美］贝里·布雷泽尔顿，乔舒亚·斯帕罗．触点：如何教养3～6岁的孩子［M］．严艺家，译．海口：南海出版公司，2017.

［17］［美］Deborah L.Cabaniss, et al．心理动力学疗法［M］．徐玥，译．北京：中国轻工业出版社，2014.

［18］［美］Deborah L.Cabaniss, et al．心理动力学个案概念化［M］．孙铃，等，译．北京：中国轻工业出版社，2015．

［19］［美］Michael St. Clair．现代精神分析"圣经"——客体关系与自体心理学［M］．贾晓明，苏晓波，译．北京：中国轻工业出版社，2002．

［20］［美］John F. Clarkin, Frank E.Yeomans, Otto F. Kernberg．边缘性人格障碍的移情焦点治疗［M］．许维素，译．北京：中国轻工业出版社，2012．

［21］［美］爱利克·H.埃里克森．同一性：青少年与危机［M］．孙名之，译．北京：中央编译出版社，2015．

［22］［美］爱利克·埃里克森．童年与社会［M］．高丹妮，李妮，译．北京：世界图书出版公司，2018．

［23］［奥］西格蒙德·弗洛伊德．性学三论［M］．徐胤，译．杭州：浙江文艺出版社，2015．

［24］［奥］弗洛伊德．弗洛伊德文集1：癔症研究［M］．车文博编．长春：长春出版社，2010．

［25］［奥］弗洛伊德．弗洛伊德文集6：自我与本我［M］．车文博编．长春：长春出版社，2010．

［26］［奥］弗洛伊德．弗洛伊德文集8：图腾与禁忌［M］．车文博主编．长春：长春出版社，2010．

［27］［美］葛林·嘉宝．动力取向精神医学（第四版）［M］．李宇宙，等，译．台北：心灵工坊文化，2007．

［28］［美］格雷戈里·汉默顿. 人我之间：客体关系理论与实务［M］. 杨添围，周仁宇，译，台北：心灵工坊，2013.

［29］［美］Richard K.James, Burl E.Gilliland. 危机干预策略：第5版［M］. 高春申，等，译. 北京：高等教育出版社，2009.

［30］［奥］Melanie Klein. 嫉羡和感恩［M］. 姚峰，李新雨，译. 北京：中国轻工业出版社，2014.

［31］［奥］梅兰妮·克莱茵. 儿童精神分析［M］. 林玉华，译. 北京：世界图书出版公司，2016.

［32］［美］海茵茨·科胡特. 自体的分析［M］. 刘慧卿，林明雄，译. 北京：世界图书出版公司，2012.

［33］［美］海茵茨·科胡特. 自体的重建［M］. 许豪冲，译. 北京：世界图书出版公司，2013.

［34］［美］海茵茨·科胡特. 精神分析治愈之道［M］. 訾非，等，译. 重庆：重庆大学出版社，2011.

［35］［法］安妮·拉弗尔. 百分百温尼科特［M］. 王剑，译. 桂林：漓江出版社，2015.

［36］［美］Peter A.Lessem. 自体心理学导论［M］. 王静华，译. 北京：中国轻工业出版社，2017.

［37］［美］罗洛·梅. 人的自我寻求［M］. 郭本禹，方红，译. 北京：中国人民大学出版社，2013.

［38］［德］马克思. 1844年经济学哲学手稿［M］. 北京：人民出版社，2000.

［39］［美］Nancy Mc Williams．精神分析案例解析［M］．钟慧，等，译．北京：中国轻工业出版社，2004．

［40］［美］Nancy Mc Williams．精神分析诊断：理解人格结构［M］．鲁小华，郑诚，等，译．北京：中国轻工业出版社，2015．

［41］［美］罗兰·米勒，丹尼尔·珀尔曼．亲密关系第5版［M］．王伟平，译．北京：人民邮电出版社，2011．

［42］［美］斯蒂芬·A.米切尔，玛格丽特·J.布莱克．弗洛伊德及其后继者：现代精神分析思想史［M］．陈祉妍，等，译．北京：商务印书馆，2010．

［43］［美］戴维·迈尔斯．社会心理学第8版［M］．侯玉波，等，译．北京：人民邮电出版社，2006．

［44］［美］杰瑞米·D.萨弗兰．（编）．精神分析与佛学展开的对话［M］．张天布，等，译．上海：东方出版中心，2012．

［45］［美］Jill Savege Scharff．投射性认同与内摄性认同［M］．闻锦玉，等，译．北京：中国轻工业出版社，2011．

［46］［美］David R.Shaffer, Katherine Klpp．发展心理学第八版［M］．邹泓，等，译．北京：中国轻工业出版社，2009．

［47］［美］西耶哥．汉斯·柯赫与自体心理学［M］．叶宇记，译．台北：远流出版公司，2005．

［48］［美］Robert J.Ursano, M.D., Stephen M.Sonnenberg, M.D., Susan G. Lazar, M.D.心理动力学心理治疗简明指南［M］．林涛，王丽颖，译．北京：人民卫生出版社，2010．

［49］［美］David J.Wallin. 心理治疗中的依恋［M］. 巴彤，等，译. 北京：中国轻工业出版社，2014.

［50］［美］Marjorie Taggart White, Marcella Bakur Weiner. 自体心理学的理论与实践［M］. 吉莉，译. 北京：中国轻工业出版社，2013.

［51］［英］唐纳德·温尼科特. 成熟过程与促进性环境［M］. 唐婷婷，译. 上海：华东师范大学出版社，2017.

［52］［英］D.W.Winnicott. 家庭与个体发展［M］. 卢林，等，译. 北京：北京大学医学出版社，2016.

［53］［英］D.W.Winnicott. 婴儿与母亲［M］. 卢林，等，译. 北京：北京大学医学出版社，2016.

［54］［英］D.W.Winnicott. 人类本性［M］. 卢林，等，译. 北京：北京大学医学出版社，2016.

［55］［德］Matthias Elzer, Alf Gerlach. Psychoanalytic Psychotherapy: a Handbook. London: Karnac Books，2018.

［56］［美］Andrew P.Morrison.Sham: the Underside of Narcissism. New York: Taylor & Francis Group, LLC，1989.